ちくま学芸文庫

記憶の切繪図

七十五年の回想

志村五郎

筑摩書房

目次

記憶の切繪図

一　はじめに

回想録とか自叙伝には前書などない方が普通である。しかしこの書には私だけに関する回想以外の文章がかなり含まれているので、それをいちおう説明しておこう。

第一には、私の時代、そしてまたその時代の気分を書くことを試みた。だから私の同時代人なら誰でも知っていることでも書いた。知っているから誰も書かないために消えてしまうことがあるからである。

次に、いろいろな事物に関する私の意見感想をかなり入れた。一度は言っておきたかったが今まで文章にしたことのないものである。それは私の回想と密接に関係していることが多く、またそれだけ別に書く機会があるとも思われないからである。その種の意見はどんな回想録にも多少は入るのが普通であるが、この書の場合その割合が大きいだろう。

後半になると、数学者の話だから、数学の術語がかなり入る。それを抜かして書くと不自然になるから、必要に応じて入れて書いたが、不案内な読者は読みとばせばよく、それで大体の意味は通ずるであろう。

二　切繪図の世界

私の父方の祖先は代々尾張徳川の家臣であった。私の曾祖父がその最後の一員になる。当時の大名は参勤交代で江戸に出て来なければならなかったが、大勢の家来を連れて来るかわりに、何人かを江戸に常時置いてそれを定府（じょうふ）と呼んだ。私の曾祖父は定府であってその数代前からそうであった。

彼等の中には歴史に名を残した者はひとりもいない。しかし普通の歴史の書物には書かれないような常凡の人の瑣事でも今の人が興味を持ちそうで、記録に止めておく意味はあると思う事を私が親達から聞いた話の中から拾って少し書いてみよう。それに、江戸は今となっては随分遠く感じられるが、私の子供の頃はそうでもない。実際、明治維新から私の生れた時までの年数は今の私の年齢より十年以上短い。私の小学生の頃、日清日露の両戦争は古い昔のように思っていたが、実は現在の小学生が第二次世界大戦を思うよりはずっと近い頃の事であった。

歴史に名を残した者はないが、私の曾祖父の祖父は地図に名を留めた。江戸切繪図と称する江戸末期に出た地図の中にその名が出て来る。切繪図というのは、当時の江戸市中を三十ばかりの地域に分けて、一地域の案内図を四十五センチ四方ぐらいの紙に木版で刷ったものである。何が記されてあるかというと、神社仏閣、大名旗本の占める区画があり、そのまわりの小さい矩形の中に家来達の名が書き込んである。その他の商人階級は「町ヤ」として実際よりは狭い区域に押し込まれている。通りや坂の名もある。

　出版元がふたつあって、その近吾堂版大久保戸山高田辺之図（一八五一）と金鱗堂尾張屋版牛込市谷大久保繪図（一八五四）の中に志村小三次（小三治が正しい）とあるのが私の五世の祖である。この地域は大体昔の牛込区に属し、今は新宿区の一部になる。実は私が三歳から八歳まで過した家もその小三治の家に非常に近く、その後戦争が終わる年一九四五年の五月末まで大体その地図の範囲で暮していたから親しみのある地域であり、またあとで書く事の説明にも必要なので、も少し説明を加えよう。

　昔の市電と呼んだ路面電車の十三番線は新宿の角筈（つのはず）（伊勢丹の近く）から万世橋まで通っていた。その停留所の抜弁天（ぬけべんてん）、河田町、若松町、柳町のあたりである。現在の地下鉄で言うと、大江戸線の若松河田の少し西から牛込柳町までがそれに当る。その市電の線が西から東に通る道路がちょうど切繪図を南半分と北半分に両断している。抜弁天はそこに弁天の小さな社があり、切繪図にも出ていて、その北側の通りをへだてて四軒目が小三治の住居であり、そのあたりの名はすべて尾張徳川の定府であろう。切繪図の道路の位置は私の子供の頃とほとんど同じで、今でもそれほど変ってはいないと思う。大久保通りが若松町のあたりで鉤の手に折れるが、それは切繪図でも今でも同じである。図の中の牛込原町三丁目のあたりにある清久寺というのが私の先祖代々の墓のあった寺で、彼等の多くは江戸で生れ江戸で死んだと思われる。私の祖父もそうであった。この寺は昭和十年代に住職が何か悪い事をしたためになくなってしまった。抜弁天の西南、ほんのひと足の所に西向天神があるが、それが私達の遊び場であり、祖父はそれを自分の産土神と呼んでいた。彼はその切繪図に出ている小三治の家で生れた。ついでに書くと、太田道灌の山吹の里は西向天神のあたりだということになっていてその碑もあるという。

さて私の曾祖父、名は一清、に戻ると、彼は御一新でいわば失職したわけであるが、近衛の一族の誰かのお馬廻りに使ってやるから江戸に留まれと言われた。しかし彼は「忠臣は二君に仕えず」と言って名古屋に行き、そこに家をもらって酒ばかり飲んであそんでいた。彼の家族の中には「さすがはお父さんだ」などと感心する者はなく、「そんなえらそうな事を言わずに就職してくれたらよかったのに」というので、私の祖父錦太郎は特にその考えであった。同藩で後に世に知られたある学者の事を「学校の時はおれの方があいつよりよく出来たんだ。だからおれだっておやじがしっかりしていてくれたら今頃はあいつより出世できたんだ」などとよくあるせりふを繰り返していた。要するに一清はなまけものだったので、ともかくいちおう食えるだけの物はあったから働かずにのんびりしていたかったのだろう。

名古屋に行く前、まだ江戸にいて侍の身分だった頃、錦太郎の母がなくなって一清は後妻を迎えた。その実家は石高で言えば一清より多いつまり家格が高く、また裕福であったが、当人は少し頭が弱かったと言われている。私の子供の頃にはその人が嫁入の時持参した茶道具とか青銅の手鏡などがまだ残っていた。

お金が足りなくなるとその人は「お鳥目がございません。この小袖を売りましょう」と言って小袖を一枚売る。そしてどうするかというと、魚屋が来て生きのいい鰹を見るとそれを一本買う、そういう人であった。小袖は実際かなり持っていたという。錦太郎にとっては継母であったが、やさしくいろいろ気を使ってくれて、実の父親よりよほど好きであったらしい。冬の寒い日に学校に行く時、焼芋をふところに入れてもたせてくれたそうである。

当時は婚姻は同じ藩の中でするのが普通で、明治になってもそうであった。錦太郎の妻、つまり私の祖母もそうであったが、小袖の人とは違って、尾張藩の中でも貧乏で聞えた家から来た。祖母については、普通程度の嫁いびりの能力を持っていたという以上には何も面白い話はない。ともあれ私にはなまけものの忠臣の血は流れていても、小袖を売って鰹を買った人の血が流れていないのが残念である。

少し戻って、一清の祖父で地図に名の出ている小三治は一清と違って精励そのものであったらしい。例の浅野内匠頭がしたように尾張藩でも誰かを饗応して、その次第とか料理の献立とかを小三治が細字で書き留めた文書などがかなり残されていた。彼は武術にも心掛けて、剣術柔術の免許皆伝の巻物二巻をさずかっていた。そんな巻物は今の人はほとんど見た事はないだろうと思うので説明しておこう。

ともかく水晶の頭をつけた軸があり、厚い和紙にどうさを引いて長くつなぎ巻物にしてある。何が書いてあるかというと、色々な術とか型の目録であって、それを全部伝授したという証明書になるわけである。終りの所に「豊臣秀吉公御師開山荒木某の十何世後の久野三郎助云々」と伝授の系図があり、最後が志村小三治になっている。そしてこれは秘密だから許しがなく他人に伝えると「摩利支尊天の御罰をこうむるべきものなり」とあって師匠の花押がある。柔術の型の中に縄を掛けるのがあり、縄代三百三十三文受取るのが法なりとある。これは師匠が巻物と共に縄も授けてその代金を受取るしきたりになっていると解されるがよくわからない。

もっともらしい巻物になっていて誰かのいたずらとも考えられないが、誰が見ても「なんだこんな物か」と思うような代物である。私が初めてこれを見た時、目次だけで本文のない書物のようでがっかりしたおぼえがある。しかしそれ以外の品でありようがない。

免許状は今日でもかなりある。茶の湯、活花、舞踊、音曲、囲碁、将棋、そのほか運転免許証、卒業証書、博士号などがある。しかし巻物ではない。関流算学でももちろん免許状を出したであろうが巻物にしたかどうか。ただ伝授の項目の数が多くなると一枚の紙には書き切れないから算学でも他の芸能でも巻物になる可能性はある。だから単に物々しくするためばかりではなく自然にそうなって、それを踏襲していたのだろう。それにまた算学でも、摩利支尊天をほかの神様にして、その御罰云々と書いていたことは大いに考えられる。

この巻物の他にも槍・太刀・薙刀・火縄銃・龕灯（がんどう）などが残されていて長持の中に収められていた。百人一首のかるた札の手書きのが二組あったのをおぼえている。私の父は家督をついだわけだからそんな物をすべて相続した。銀行づとめで支店から支店へと何年か毎に渡り歩いていたからそれをどうしていたのか。どこかに預けていたかも知れないが、おそらく引越荷物の中にはそれが必ず入っていて、だから私の父は「封建の遺物」を文字通り引きずって暮していたわけである。捨てるわけにも行かず、何とはなしにそうするものだと思ってそうしていたのであろうが、何だか滑稽なようで、気の毒なようで、また悲しくもなる。それでも伝授の巻物は私の兄が今でも持っていると思うが、その他はすべて空襲で焼けてしまった。

曾祖父はなまけものであったが、祖父はそれに発憤したか、まあ普通程度には働いたらしい。一方母方の祖父というのはどうもよくわからない。やはりなまけ者の部類に属する人であったらしく母は断片的にしか話してくれなかったが、それから想像すると何の定職も持たなかったらしい。だから私はもうひとりのなまけ者の血を引いていることになる。

母は名古屋市の西の平和町のあたりで生れた。そのあたりはやはり尾張徳川の領地だったから、私の父も祖父や曾祖父と同様、同藩の娘と結婚したわけである。母は兄弟はなく、四人姉妹の第三女であった。小学校の時何かの理由で「そこに立っとれ」と言われたが、それが納得出来なかったので、学校を飛び出して家に走って帰った。すると生徒達が窓から首を出して「わあい」とはやし立てたという。その話を母は嬉しそうに何度も話した。もうひとつ、同じ小学校の話。唱歌の時間は年寄りの教師がオルガンをひいて生徒に唱わせる。

すずめ、すずめ、お宿はどこだ
ちっちっち、ちっちっち、こちらでござる

何年生になっても「ちっちっち」と同じ事ばかり唱わせていて、それだけだったというのである。

しかし大学で法学部や社会科学系の講義というのは、教授が自分のノートを読みあげて学生に筆記させるのだそうである。そして毎年同じノートで繰り返すのが多いというから「ちっちっち」の類である。大学教授は乞食の次に楽な職業だというのももっともである。

私の生れたのは一九三〇（昭和五）年静岡県浜松市においてであるが、その町のことは何もおぼえていない。浜松にいる間に引越しをして、私が新しい家からもとの家へ行ったら誰もいず「猫がいたあ」と泣いて帰って来たと親達は面白そうに何度も私に話した。ずっとあとで家内にも話していた。つまり「この人は今はあんなもっともらしい顔をしているが、そうだったんですよ」ということらしい。私はおぼえていないから何が面白いのかさっぱりわからない。「猫が笑っていたあ」なら多少面白くなるが。

私のおぼえているのは一九三三（昭和八）年三月に東京に来てからのことだけである。住んだのは牛込若松町で、前に書いた市電の停留所抜弁天から北に入って八十メートル位の所で、先祖の小三治や一清の住居に近かったがそれは偶然そうなったのであった。若松町という市電の停留所があったが、それは抜弁天よりは八百メートルばかり東にある。

ここで市電と当時の地下鉄について説明しておこう。東京の地下鉄は一九二七年に浅草と上野の間に開通したのが始まりで、一九三九年にそれが渋谷までのびて、現在の銀座線となった。その二十年後に丸の内線が開通するまでは地下鉄はそれだけであった。その代り市電、後に都電と呼ばれた路面電車が東京市内を網の目のように走っていて、各路線は番号で呼ばれていた。私の子供の頃は、片道賃金は七銭でどこまででも行けた。それで乗換えもでき、各種の割引もあったから、時間はかかったが、今日の地下鉄と同等か、時にはそれ以上に簡便で安上りだったのである。山の手線と中央線の電車は今同様に走っていて、当時の国営の電車は省線と呼んでいた。おとなの最低賃金はたぶん五銭だったと思う。

私が小学校に上ったのは一九三六（昭和十一）年四月である。牛込余丁町尋常小学校で、切繪図でいうと図のほぼ中央に稲荷社とあるその隣である。出世稲荷と言って今でもあるだろう。あの二・二六事件のあったのはほんの一箇月ばかり前であったが私達子供の生活には何の関係もなかった。私が東京に来た頃は政治的には不安定で、だんだん悪くなり始めた時期であるが、庶民の生活には何の影響もなくのんびりしていた。私の目にふれ体験した限りではよい時代であったという記憶が残る。私は一九六六年にモスクワを訪れたが、その貧しさは驚くべきであって、私の子供の頃の東京はそれとくらべるのがおかしい程豊かであった。

先廻りして書いておくと、一九三八（昭和十三）年に、その家から歩いて十数分位の所の淀橋区西大久保の家に引越した。今はどちらも新宿区の中である。四年生の終りまでそこから余丁町小学校に通っていたがやはり不便なので五年になる時大久保小学校に転校してそこを卒業したのである。

「豊か」と書いたが、それは相対的に言っているのであって、街の中には貧しい部分もあり、それに当時の町並は雑然としていて、決してきれいではなかった。小泉八雲（ラフカディオ・ハーン、一八五〇－一九〇四）は松江は好きだったが、東京については汚ないという印象を持っていた。それにいやな連中がいるとも言っているが、それは日本人のことではなく当時の東京にいた英米人を指していて、彼は常にアウトサイダー意識を持っていたから仲間になりたくなかったのである。しかし結局彼は東京に出て来て、切繪図の中の自證院、通称瘤寺（こぶでら）、の近くに住んだ。何年かののち大久保小学校のそばに家を買って改築して住み、そこで世を去った。おそらくどちらの場所にも小泉八雲旧居の碑があるだろう。

きれいでなかったのは江戸時代からそうであって、牛込あるいはその切繪図の中には広重の名所江戸百景に描かれている場所はない。少し範囲を広げれば、四谷内藤新宿、熊野十二社、高田馬場がある。もっとも江戸名所図会の中にはかなり入っている。

抜弁天の前から西に行く道が二本（市電を入れれば三本）あって、そのひとつは久右衛門坂と言い、切繪図にもそう書いてある。しかし私の子供の頃は単に坂下と呼んでいた。その坂の両側には八百屋魚屋などの商店が並び、私の家の日常の買物はそこでしていた。夜店が出てバナナの叩き売りなどもやっていた。その坂を下りきったつき当りに中学校があって、あれは金持のできの悪い子弟の行く学校だというわさがあった。

そのほかに通い帳を持って御用聞きが来て、米、味噌、酒、醬油、薪炭の類はそうして買っていた。その坂の途中の北側に香蘭という中華料理店があって、その前を通るとおいしそうな匂いがしていた。私のうちでは客があるとそこの仕出しを利用していたが私はその物を食べた事はなく、ぼんやりとあそこで一度食べたいと思っていた。しかし私の両親の名誉のために一言すると、その後新宿その他の場所で、まともな料理屋に連れて行ってもらった事はある。

表通りには今日見られないような店もあった。抜弁天のそばには弓屋があって板の間に何人か並んで坐り、竹を削ったりしているのが外から見えた。その向い側には小さい活版屋があり、印刷機械をがっちゃんがっちゃんと動かしていた。まむしか何かをびんに入れて窓に飾っている店があって、子供達はそれを蛇屋（へびや）と呼んでいたが、人の出入りしているのを見たことがない。

同じ通りの北側の塀に「婦人服ミドリヤ」という看板が出ていた。一字毎に大きな正方形を作って横に並べてあった。当時家庭の主婦は例外なく和服であった。ただ夏用の「あっぱっぱー」と称する簡易洋服はあった。和服の小学生は私は見たことがない。中学校・女学校には制服があり、女学校ではレインコートにも制服があった。ところで、ミドリヤがどこにあったか、何を売っていたのか私は知らない。婦人服という言葉はもちろん洋服を意味するが、今日のデパートのように、各種のサイズを揃えて売る程の需要があったとは思われないから、原則的には仕立屋であったのだろう。婦人の洋装が普通になるのは戦後の事である。戦争末期には別の問題があったが、それについては後で書く。

ミドリヤの広告の反対側には一膳飯屋のように見える貧相な店があって、夏は氷水の旗を出していた。いつも開け放しになっていたから、よく労働者風の客が腰掛けているのが外から見えた。そのあたりがいつか取り払われて、明るい色の瓦の文化住宅風の家が三軒並んで建った。

　私の家から少し北に歩くと、屋上にベランダのあるクリーム色の洋館風の二階建の住宅があって、その屋上に二、三人の少女が立っているのを見たこともある。そんな感じの住宅はほかに東京市内でも郊外でも見たことはない。ところが私が小学校に上る前のある冬の夜、火事を出してその洋館は焼けてしまった。子供の私にとっては、蛇屋もミドリヤも氷水の店も二階建の洋館も屋上の少女達も、すべて好奇心をそそる不可知の世界であった。特に洋館と少女について言えば、夢からさめて、夢の世界に戻ろうとしても出来ないというのに似ていて、だから夢の世界の存在と言ってもよい。

　私の家は昔風な作りで、その次に住んだ家にくらべると時代おくれの感じがあったが、それなりのよさはあった。道路に面して左右に開く扉のついた門があり、その内側に私の家を含めて三軒の家に共通の前庭があった。適当な広さがあったから子供達のよい遊び場になった。夜には扉をしめてかんぬきを差していて、その横にくぐり戸があったが鍵は掛けなかったろう。この家についてはまた後で書くことにして、ここでは向い側の二軒の家について書いてみよう。

　その門の斜め向うには御影石の門柱の立った退役軍人の住居があった。お正月にはその近所では一番立派な門松が立った。主人は子供の目からはよほどの老人に見えたがたぶん六十代であったろう。長男がどこかで戦死して、まだ若い寡婦がひとり息子と同じ地所内の別棟の小さな一軒に住んでいた。その息子は私と小学校で同級で、学校に行く前からの遊び友達であって、その小さな家でいっしょにお八つを食べたりした。魚屋が盤台をかついで来ると彼の母や祖父といっしょに見て二人で魚の名前を言ったり品評したりするのであった。

この家庭はいわば全部まる見えで、何も好奇心を抱かせる所はなかったが、その北隣りの家には変った思い出がある。私が四、五歳の頃のある日、上に書いた私の家の玄関に続く前庭で同じ年齢の近所の子供二人と遊んでいると、通りの向う側の塀にあった扉が開いて、若い女性が姿を現した。私達に向ってほほえんで、ちょっといらっしゃいと私達を扉の中の庭に招き入れたのである。上品な和服のきれいな人で、おそらくはたち前後、結婚してその家に来たばかりで、夫の両親と共にそこにいたのだと聞いた。その庭で何をしたかは記憶にない。お菓子ぐらいもらったであろう。なぜ、と考える程の事ではない。ふと表に無邪気に遊んでいる可愛らしい子供達を見かけたから何となくそうしたのだろうか。私のぼんやりした記憶では、その人も私達も、もっとその庭でいっしょにいたかったのに、誰かに言われてわずかの時間のあとで私達は外に出されて、私はつまらなく思ったようである。ともあれその扉が私に再び開かれる事はなく、それきりその女性もその家も私にとっては不可知の夢の世界に入ってしまった。

現在どの家庭にもあって当時なかった物をあげてみよう。電気洗濯機、掃除機はなかった。電気冷蔵庫はある所にはあったが普通の家庭では氷冷蔵庫を使っていた。氷屋から毎日氷を配達してもらうのである。それもない家庭の方が多かった。テレビは暗い所で見るような実験的なのは一九四〇年頃出来ていたと思うが家庭にはなく、ラジオだけであった。ラジオ放送は一九二五年に始まっている。当時最も人気のあったのは六大学野球の実況放送であろう。ラジオ体操もかなり早くからあった。

電気釜はもちろんなかった。ガスはあったからそれで炊いている家もあったが、釜をかまどの上に乗せて薪で炊くのが普通であった。薪も束で買って来たのは太すぎるから、それを細く割らなければならない。だから一九三八年頃には市中ではほとんどガス釜になっていたのではないか。しかし戦中戦後には松かさを拾って炊くという時期もあったが、それはまた別の話である。

電気釜なら寝ていても炊けるが、薪ではそうはいかない。母は毎朝五時半頃起きて炊く。私も母の横に寝ているからほとんどいつも同時に起きて、火の番をしたり多少は手伝った。姉や兄達はまだ寝ている。「家貧にして孝子出ず」式の立志伝を後に読んで、自分がそういう孝子でないことに劣等感を抱いた。しかしかまどの火の番ぐらいしたからまあいいかと自らを慰めたのである。夜は八時頃には寝てしまっていた。

蒸気・温水暖房は、比較的に近い時期に建てられた洋風建築にはあった。高等学校、大学、病院、官公署などである。陸軍海軍の諸施設にはもちろんあった。しかし個人の住宅では富豪の洋風住宅を除けば全くなかった。

一九二三年九月一日の関東大震災の為に東京下町はほとんど灰となったが、その結果建て直された小・中学校は鉄筋コンクリート建てで、蒸気暖房付きになった。しかし山の手では被害が少なく古い校舎が残され、だから私の通った小学校・中学校は木造で、各教室におかれただるまストーブで暖をとっていたのである。

小泉八雲が松江や東京の寒さにふるえていたことはよく知られているが、三十年以上あとの私達も同様にふるえていたのである。さらに二十年たっても私はふるえていて、その事についてはあとで書く。

電話はそれ程普及していなかった。当時の、つまり一九三〇年代の東京の中流家庭で女中はいるが、電話のない所はいくらもあった。だから家庭に関する限り女中の数の方が電話の数より多かっただろう。

自家用車という言葉は今日ほとんど無意味になったが、当時それはお抱えの運転手つきを意味した。相撲の男女ノ川が引退後ダットサンを運転しているのが新聞の記事になったりしたが、それは少し後の時期である。タクシーはいくらも走っていて表通りに出て拾うのは簡単であった。円タクという言葉があるが、その頃は五十銭銀貨が基準単位で、それをいくらまけるかの交渉をやっていた。

近くの盛り場というと新宿であって、抜弁天から市電に乗って角筈まで行くのであるが、百貨店などの感じは今とそれ程違っていない。商品はもちろん今の方が品数は多いだろうが、当時が今よりよほど貧弱だったというわけではない。

エレベーターやエスカレーターはあった。一九五七年パリに行ったが百貨店はうす暗くてエスカレーターもがたぴししていて、私の子供時代の新宿の店の方がよいと思った。

その頃あって今ないものとしては、アドバルーンがある。百貨店などが広告用に上げた繋留気球のことである。

空にゃ今日もアドバルーン、さぞかし会社で今頃は、
お忙しいと思うたに、
ああそれなのにそれなのに、ねえ、
おこるのは、おこるのは、あったり前でしょう

という流行歌があった。夫は何をしていたのか。当時の女性の会社勤めの職業というとデパートの売子、電話交換手、タイピストなどで、会社の男がその種の職業婦人と関係を持つというのは稀であったろうし、それを主題とした小説もなかったろう。もっとも「良人の貞操」という小説はあった。今日のようなパチンコ店はなかった。ダンスホールはあったしダンサーがどうのという歌もあったが今日のものとの比較は私のよくする所でない。

またそこに通って醜聞を流したのは夫でなく名流夫人達であった。

その頃の流行歌はそんな調子の、風教上よろしくないようなのが多かった。「シネマ見ましょかお茶飲みましょか、いっそ小田急で逃げましょか」などは私の生れるすぐ前ぐらいの歌ではないかと思う。しかしそんな歌に目くじら立てたのは当の小田原急行鉄道株式会社（一九二七年営業開始）だけであった。それが十年もするとがらりと変る。一九三七年の中頃にその種のレコードは発禁となる。もっともまだメロディーは聞えていたが。

ついでに書くと、私の父は横浜で生れ小田原で育って、祖父はその町で土方の親方の親方のような職についていた。しかし父はその町のかまぼこ位には多少の愛着を持っていたかも知れないが、それ以上に小田急の歌が彼に何等かの感興を引き起したとは思われない。

そういうどこかから文句の出そうな歌のほかにも少し健康そうに聞える歌もあった。「ララララ紅い花束車に積んで、春が来た来た丘から町へ。」これの時期はもっとあとで一九三七年である。一九八四年上海に行った時、そこから蘇州杭州に観光に電車で行くと、世界各国の聞きなれた歌を車内で流している。それが突然この「ララララ紅い花束」になったのでびっくりした。そしてその曲は私の少年時代を思い起させたのである。しかし曲が終り、何かアナウンスメントがあって私の追想は中断された。同行の通訳に聞くと「乗客である母親は、子供達に車内の床の上に放尿させてはならない」という事であった。

もうひとつ、今日東京の町中で見ることができなくなったものに空地（あきち）がある。その頃牛込・大久保には空地があちこちにあり子供の遊び場になっていた。野球をやったり模型飛行機を飛ばしたり凧をあげたりする。それはおとなもまじっての事であった。抜弁天のように江戸時代から狭い所は別として、神社の境内も今より広い所が多かっただろう。

そんな空地か適当な広場で、夏の夜に東京音頭というのを民衆が踊っていた。一九三三（昭和八）年頃の事である。「はあー、踊り踊るなら、ちょいと東京音頭、さのよいよい、花の都の、花の都のまん中で、やっとなあ、それ、よいよいよい」という歌詞を卑俗な伴奏の旋律と共におぼえてしまった。これが本当に一九三三年であるとすれば、私の幼時の記憶の最深部ということになる。時々思い出してあれはいったい何だったのだろうと考える。「アドバルーン」や「小田急」はレコード会社が利益を得る。しかし東京音頭を踊らせていた張本人は何者であったのか。子供の私がそんな質問をするわけもなく、また説明してくれるおとなもいなかった。

空地の中には杉とか檜を何本か残してある所があって、近所の子供達の木登りに手頃であった。私も小学三年生の頃、よく梢近くまで登ったりしていたが、危ないからやめろと言うおとなもいなかった。もっともてっぺんまで登って小手をかざした所で、見えるものはそのあたりの洗濯物ばかりである。しかし数学者で子供の頃木登りをしていたと書いてあるのは見た事がないから、そんな例もあるという意味で書いておく。

三　茶色のランドセル

私が三歳から八歳にかけて住んだ家の番地は牛込区若松町百二ノ三と言った。この家は黒い塀をへだてて陸軍砲工学校に接していた。だから馬の蹄鉄を打つ音が聞えて来たり馬の臭いが風に乗って来たりした。ある年暴風でその塀が倒れて向う側の様子がわかり、兵士達とも顔を合わせたが、彼等は陽気でのんびりしていた。その家は庭が広くて、その塀の内側には大きな八重桜が二本あり、その他に石榴（ざくろ）、枇杷、椿、あじさい、くちなしなどがあった。座敷から見る正面に松の木とどうだんがあるという全く典型的、と言うより凡庸きわまる庭であったがともかく形をなしていた。ただ北側の裏庭に百目柿という大きな実のなる柿の木があって、それが子供心には嬉しかった。借家だったから大屋のやとった植木屋が時々手入れに来てどうだんを刈り込んだりする。それは今でもそうだろう。

四畳半ぐらいの納戸があって、そこに例の長持がおいてあり、そのほかに雛人形や五月の節句の武者人形がしまってあった。それを節句毎に箱から出して飾る。短い期間のあとまたしまう。床の間には季節に合せて軸をかける。それを面倒がらず私の家ばかりでなくどこの家でもやっていたのである。今そうしている家庭が東京の町の中にどのぐらいあるだろうか。私はその時代を強い郷愁をもって思い起さざるを得ない。もうひとつ書き落としてはならないのは、ほとんどすべてのうちに神棚があったということである。仏壇のあるうちも多かった。

何十年か後に私は米国で雛人形が骨董として売られているのを何度も見た。それなりに時代のついたまともな品ではあったが、何の情感をも惹き起してくれなかった。昔風の違い棚とか欄間のある座敷の雛段に飾られてあった私の幼年時の人形達のなつかしい思い出は消え去ってはいなかったが、今目の前にあるものは、それとは違う、単なる値段のついた商品でしかなかった。

私の家の前の通りを少し北に行くと大久保通りに出て、その北側に陸軍戸山学校があり、その東は陸軍第一病院、西は陸軍幼年学校、というように陸軍の施設がいろいろあった。このあたりはすべて私の祖先の仕えた尾張徳川の下屋敷の跡であり、江戸時代には戸山荘と呼ばれていた。これはいくらかの住居の建物を除けば広大な庭園になっていて、将軍以下そこに招かれた大名、旗本、その家来のみの知る秘境であった。だから小三治がそういう客達の料理を用意するためにその中に入った事はあり得るが、おそらく他の私の先祖の定府達はその庭園に足を踏み入れたことはないと思われる。彼等はただ、いつの日かその中を見ることができるか、彼等の子孫がそうできることを夢見ていたに過ぎなかったであろう。

　私が小学校に上る前の年の頃、戸山学校の運動会があって、近所の人々が入れたので、私も行き、遂に先祖達の夢をかなえたわけである。その庭園の中に箱根山と称する人工の築山があって海抜約四十五メートル、旧東京市内の最高点とされていた。これは今でもあると思う。その北に穴八幡があり、そこには実際小さな洞窟があった。そこから覆面の武士が抜穴を通って江戸城に達するという読物が少年倶楽部に連載されていた。いわば私の子供時代はそんな風に江戸に続いていたわけである。その頃の少年冒険小説のよく知られた筆者のひとりは余丁町小学校で教えていたが私が二年生の頃やめて、作者専業になった。

　前に書いたように私の一家は大久保に移った。若松町の家は平屋であったのに対し、新居は二階家で物珍しく、私は屋根伝いに二階のある部屋から別の部屋に行ったり、そこからまた枝に手の届く樹を伝って階下の部屋に行くのを楽しみにした。親達に気付かれないようにやったから知らなかっただろう。知っていたら叱って禁止したであろうから。二階の西の窓からは富士山が小さく、しかしはっきりと見えた。この家は誰かの妾宅であったという事できれいに造ってはあったが庭は狭く、風格において前の家にはるかに及ばぬ所があった。私のしたような屋根伝いの行動を間男がしたのではないかと想像するような年齢には私はまだ達していず、今度の家の柿が渋柿であるのを残念がっている程度であった。

　私は姉三人兄一人のあとの末っ子でおおいに甘やかされて育った。しかし甘やかされた事が悪く影響したとは思われない。それに姉や兄が順々にうちを離れて結局私があとに残されてある期間老年の両親は私を頼りにしていたから、普通の末っ子とはかなり違う。また一般的に言って、日本の家庭では長男や長女であることがその当人を自己中心的にする傾向があり、私はその例を数限りなく見たから、私が末っ子であることに劣等感はまったくない。

ここでついでに書くと、父は若い頃は美男子だったそうである。母が結婚してすぐの頃、出入りの商人が「お宅のだんなはいい男だねえ。奥さんがいくらお化粧をしてがんばってもかなわないや」と言ったというが、私には本当にそうだったかなあとしか思われない。いささか母に失礼であるし、商人としたらもっと言い方があったのではないかという気もする。私の知っている父は、髪も薄くなって、江戸時代の小心翼翼として暮していた下級侍の子孫にふさわしい、そして年相応にくたびれた顔をしていた。それはそれとして、私の二十代後半からは父と私の間にはある連帯感があって、後に私がフランスやアメリカから書いた手紙を丹念にスクラップ・ブックのようにして保存していた。

甘やかされた時代の気分のせいかも知れないが、私が東京に来てからあとの五年間は、子供の私にとっては楽しく、前にも書いたようにある豊かさがあってよい時期であった。特にその次の時期とくらべてそう思うのである。

今の人がその頃について書かれた歴史を読むと、軍人や多くの政治家がいかに愚劣で憎むべき事をしたかを知って、実にいやな時代だったと思うだろう。それはその通りであるが、歴史の本にはあまり書かれない面もあったのである。実際、人々の暮しは一九三七年頃まではよい方向に進んでいて、今日テレビや携帯電話の新型が毎年出るという程ではないけれども、その時代なりの進歩があって、それが子供の目にも見えた。「よい時期だった」とはその意味で言うのである。

それでときどきこんな事を考える。あのまま戦争がなく育って行ったら、私は今より余程やわな人間になったかも知れない。小田急に乗ってダンサーと一緒に逃げて、あとで誰かに尻ぬぐいしてもらうような、と言うのではないが。私は戦場に出る年齢に達していなかったが、空襲の体験その他戦争の時代が私をきたえてくれたのは事実である。しかし物事はそう単純でない。「艱難汝を玉にす」と言うが、いびつにする事もあるだろう。それに人の性格というものはある年齢までにきまってしまって、あとはそんなに変るものではなかろう。進歩するかどうかの問題はあるが。空襲についてはまたあとで書く。

私が四、五歳の頃は、兄や姉は学校に行き、父はつとめに出かけるから家には母と私だけが残る。私ひとりを置いて母が買物に出かけることもよくあった。鍵を掛けるのでもなかったが何も起らなかった。私が近所の同年輩の子の所に遊びに行くこともあった。そこでぬりえをしたりするわけである。その家の女の子のクレヨンでするのであるが、その子はクレヨンのちびてきたなくなったのしか私に渡さないのである。きれいで長いのは自分でしっかり抱えている。けちというより意地悪なのである。そしてこれが私の生れてはじめての人に意地悪をされた体験であった。

その後私は何人もの意地悪な人に出会った。その人達は、はっきりそういう性格をそなえているのである。その数は幸にして多くないが、ともかくこの私の幼年時の体験は強い印象を残した。

もうひとつ同じ頃の話で思い出すことがある。別の家に遊びに行って、その辺の子供達がその家の二階に上る階段の途中から順番に飛び降りるのである。私も何回かやったあと、よし、今度は一番上から飛び降りてやる、と言ってそうしたのである。本当に一番上だったのかどうか、そう記憶しているのだが。下にはふとんが敷いてあったかも知れない。飛び降りて足は何ともなかったが、尻もちをついて板の間で尾骶骨を打ってしばらく息が止ったようになった。それはすぐ直って何の後遺症も残らなかった。私は小さくて体重も随分軽かったからそれですんだが、危いところであった。もちろんこの話は誰にもしなかった。私にはどうもそういう向う見ずな所がある。二十代にもその後も、やらなくてもよいことをしばしばやった。その一番早い時期の例を書いたのである。

私はそんな風によそのうちに上り込んだりしていたのだからもちろん病身ではなかったが、頑健というには程遠かった。小学校に上る前、冬などはいつも風邪気味で文字通りの鼻たれ小僧であったから「子供は風の子」などというのは語呂合わせでしか私にあてはまらない。百日咳で何日も吸入器の前に坐らされていた記憶がある。膝の裏側に腫瘍ができて、近くの女子医専の病院で手術してもらった。今の東京女子医科大学で、場所はやはり切繪図の中に入る。看護婦さんにやさしくしてもらったのをおぼえている。

私の幼年時代はまあそのぐらいですんでいて、小学校に上ってからは病気で休むことはあまりなかった。ただどういうものか、冬は手にしもやけができた。幸なことに私はのんき坊主だったからあまり気にしないですませていた。

小学校に上る前に母に連れられて、新宿の伊勢丹かどこかにランドセルを買いに行くと、山のように陳列してある。当時男生徒は黒、女生徒は赤かピンクのランドセルが普通であった。「どれにする」と聞かれて、はしの方にあった茶色の皮の柔かい感じのが何となく気にいったので躊躇せずにそれにすると、母は笑顔で何も言わずにそれを買った。

学校に入ってみると、そんな茶色のを持っているのは私のほかには全校にいたことはいたと思うが非常に稀であった。こんなつまらぬ事を書くのにはわけがある。私には「目立ちたい」という意識も「人と変った事をしてやろう」という考えもない。ただ何でも自分の好きなようにして、それがしばしば世間の通念とは違っていることがあって、それが私の性格の一面を表わしていると思うのである。「そうしてやろう」というのでなく、人と同じ様にしようという気がないのである。だから結果的にノンコンフォーミストになっているのであって、それが性格だというより仕方がない。

そのランドセルは上質の品であったらしく、小学校六年間たいして痛まずにもったし、またすぐ見わけがつくので便利でもあった。また、変ったのを持っているからといって気にする者もなく、いじめの対象になるわけでもなかった。

当時の小学校で今日言ういじめはなかった。ある特定の生徒を複数の者が持続的に攻撃するなどという事は私の知る限りでは全くなかった。

いじめではないが、小学校一年生になってすぐの頃こんな事があった。クラスで私は小さい方であったが、同じぐらいの背の同級生のひとりKがいつも私をぶったりつねったり何かしては逃げて行くのである。たいした事ではないので何もせずにやるがままにさせていた。しかしだんだんうるさくなって来たので家で話すと、「それは一度こらしめてやるといい」という意見だった。そこである日彼が何かして逃げようとした時つかまえて、いきなり相撲の外掛けで校庭に押し倒し、その上に馬乗りになって押さえつけ、「これからも何かすると承知しないぞ」と言って今後手出しをしない事を誓わせた。なぐりはしなかった。それはうまく行ってその後何もなく、子供のことだからお互に根に持ちはしなかった。

そんな事をしたのは私の一生にたった一度だけである。Kもびっくりしたのではないか。今から考えてみて、Kが私をいたぶるのに手頃な弱者と見ていたわけでもなさそうである。猫のしっぽを引っ張ってひっかかれたように思ったかも知れない。と言って猫は馬乗りになったりしない。彼は性格が悪かったわけではなく、その事がなければむしろおとなしいと言ってよい方だったから、私の関心を惹くのが主目的で、それを不器用にやったのだろうか。

Ｋは作文が上手だった。大正から昭和の始めにかけて綴方教育というのがはやって、例の豊田正子の『綴方教室』（一九三七）で頂点に達した感がある。私達の小学校でもその例にもれなかった。牛込区の小学校が当時七つか八つあって、その生徒の作文を択んで毎年一冊の印刷物にしていた。表紙も生徒の描いた画を択んで使っていた。

Ｋは豊田正子流の生活綴方ではなかったが、彼流の文章をよどみなくすらすら書くことができた。二年生の時担任の先生が彼の書いたかなり長い文章を原稿用紙に清書することを私にやらせた。要するに私の方が彼よりきれいな字を書いたからである。放課後にしたのではなかったろうから、作文の時間か、ことによると体操の時間か何かに私にそうさせたのであろう。文章は彼の家の亀か何か動物の話であったようにおぼえているがたしかでない。先生はそれをどこかに出したのだと思うがどうなったか私は知らない。私とＫとの間にはその頃何のわだかまりもなかったが、Ｋはおそらく私が清書したことなど知らなかったであろう。

私自身の作文についてひとつ思い出す事を書く。二年生か三年生の時、本郷の植物園に遠足で行って、その事を作文に書いた。植物園であったが、どういうわけか、孔雀が飼ってあって、それについて私はこんな風に書いた。
「孔雀は私ほど美しいものはいないでしょうというように羽をひろげていました。」
私は子供ではあったが、そういう形容がきまり文句であって、不自然だとは思っていた。しかし先生か誰かにほめてもらった。ほかの事は忘れてこれだけおぼえているというのは、やはり自分にそぐわない事をしているという変な感じがあったからであろう。その後こういう書き方をした事はない。

その頃は二年生以上は昼飯は学校で食べて、たいていは家で作った弁当であった。その代りに、学校の門前の文房具屋にサンドイッチを朝頼んでおいて昼取りに行くことも出来た。二年生の時、私のすぐ前の席に坐っていたのは医者の息子で、その家は文房具屋の隣であった。ある日私が弁当箱の蓋を取ると、それを調べるように彼が振り向いた。蓋にへばりついていた人参の一切れをつまんで口に入れ、それから満足したように私を見てにっこりしたのである。私達はすぐ食べ始めて、それだけの事であった。

しかし私には彼の何気ない自然なやり方が面白かったので家に帰って話すと皆面白がって、実際母は次の父兄会の時にその話を彼の母にした。「まあおはずかしゅうございますわ。お宅様のお弁当がよほどおいしそうに見えたのでございましょう」ぐらいの挨拶があったと想像される。どういうわけか私にはこれが忘れられない。そんな事があったのもよかったなあと言ったらよいだろうか。

私の小学校に上る三年前に小学校の教科書が全面的に改訂されて、それ以前は黒白だったのが色刷になった。内容も随分変った。これは大進歩であったというのが教育史家の一致した意見らしい。私の個人的な体験でもまずよく出来ていたと思う。国語の文章は堅さがなく、情緒的な面への配慮がなされていてそれはよかったが、少し行き過ぎて、「孔雀の羽」式に言うと、「世界中にこれ程優しい気分で書かれた教科書はないでしょう」と言っているような感じがあったように記憶している。

それが理由であったかどうか、ともかく政府はこれが気にいらなくなり、八年後、一九四一（昭和十六）年にまた教科書改訂があって全く軍国主義的になってしまうのである。だからそれまでの教科書は政府の観点からすると十分に軍国主義的ではなかったというわけである。算術（あとで算数と呼ぶようになる）の教科書も進歩的であって、後に中学に入ってからの教科書の旧弊さとくらべるとよくわかる。

今は使わないが「恩物」という言葉があった。それは教材として各生徒に与えられる道具を言う。マッチ箱の大きなのがあるが、一年生の始めにその大きさの箱の中に小さい木片や厚紙を切ったのが入っているのをもらった。数えたり色や形で揃えたり、今ではその時それをどう使ったかおぼえていないが、まあよく出来ていて中々よかったと思う。

先生達も熱心であった。新しいやり方になってから三年しかたっていなかったという事もあったろう。私の小学校最初の二年間は楽しく過せた時期である。それが三年生の時からだんだんそうでなくなるのであるが、それは後まわしにする。

国語や算数のほかに体操、手工、図画、唱歌、習字があった。地理、歴史、理科は低学年にはない。フランスの数学者でリヨンの小学校に行ったH君は体操は大きらいだったと言った。うまく出来なかったからである。私は体操は人並にやったから問題ではなかった。唱歌も歌っていればよいのだからまあまあだった。習字は何年生からだったかおぼえていないが大きらいであった。第一墨をすらなくてはならない、それがいやだった。Kの作文を清書したのは鉛筆だったからだいぶ違う。

それも仕方がないから何とかやっていたが、手工には問題があった。色紙を切って貼るようなのはよい。竹ひごを豆に刺して何か立体を作るというのはうまくいかなかった。頭の中にはプランがあり、それに従ってはじめると豆がすぐつぶれたりしてこちらの思うようにならない。あれが子供向きであると思ってやらせた教育家は呪われるべきである。のちに米国に来てみると、子供向きに組立てる玩具が何種類もありよく出来ている。子供といっしょに遊んでやると、竹ひごと豆よりははるかにうまく行く。子供の頃の敵(かたき)をとった気分であった。ファウストが若返ったようなと言ってもよい。

手工や図画の上手な生徒はいたし、五年生の時には水泳とか鉄棒など私から見れば超人的と言ってよい業を見せる同級生がいた。ひとり変ったのが四年生の同じ組にいた。書道を誰かについて習っていて、担任の先生などより本格的な字を書いたのではないか。私と仲良くしていて、私と共に文房具屋に入って墨とか筆を見ては「ここにはあまりよいのがない」などと言っていた。知識をひけらかすタイプではなかったから本当にそう思ったのだろう。私のまわりにはそういう神童達もいた。

当時の小学校では学芸会と運動会が二大年中行事で、先生が熱心に準備して父兄も楽しみにしていた。娯楽の面も大いにあったが、それにしてはずい分熱を入れていた。一年生の学芸会の時は「びっくり箱」と称する劇をやった。舞台の上に大きな厚紙の箱を二つか三つ置き、私は白い衣裳を着て兎か何かに扮してその箱のひとつから飛び出したのである。せりふをおぼえて歌も唱った。女子生徒も何かになって飛び出したと思う。

おそらく小学校での児童劇をだんだん手間をかけて念入りにやるようになって来ていて、その頃が頂点だったのではないか。父兄が写真機持参で来て写すというのはなかった。ただ先生が熱心で、そんな衣裳を着た生徒達を並べて写真を撮ったのをおぼえている。私はと言うと、やらされるから無邪気にやっていただけである。兎になって嬉しかったわけではない。ただ始めての経験だったから、その歌もかなり後までおぼえていたが、さすがに今は忘れた。もうひとつ、「おほめにあずかって恐れ入ります」というせりふを言ったのをおぼえているが、どういうわけかはおぼえていない。

私の二年生までの担任の先生はおそらく三十代なかば、いろいろ考えて積極的にやる人であった。国語の副読本は正規にはなかったのをどこかから持って来て読ませたりした。

友人か誰かその積極性を支持する人がいたのだと思う。私達を二年間教えたあと、青森県八戸の高等女学校の先生になった。それは昇進ではあったが、東京の小学生の相手をしているよりよかったか、また積極性を発揮する余地があったか、などと私は考えるのである。

その頃の私に何か取柄があったかというと、本の朗読が上手だということになっていた。二年生の時である。国語の副読本の中のある話を私が教室で朗読したところ、それが皆の気に入った。単なる棒読みでなく、多少の気分をこめて自然な調子で読んだらしい。その次の機会に先生が同じ文章を誰かに読ませようとすると皆が反対して、私に読ませろと要求したので、やむなく先生はまた私に読ませた。話の内容は忘れたがその中に「よっちゃんおやすみ、よっちゃんおやすみ」というような文句があった。それを私の級友達はうっとりして聞いていたのである。今考えるとふしぎであるが、そんなこともあった。

図画については思い出す事がかなりある。一年生のある時図画専任の先生が何かの目的で何人か呼び出して好きにクレヨンで画を描かせた事がある。すると同じ一年生のひとりが水上飛行機の画を描いたのであるが、プロペラの廻っている所など真にせまっていて私は全く感心してしまった。そこで「君、いったいどうしてそんなに上手に描けるんだい」とたずねると、「なあに、幼稚園で教わったんだ」と答えた。私は幼稚園には行かなかったので、なんだか損をしたような気がした。しかしその先生はそういう型にはまったきれいで上手な画をどう思ったか。気に入らなかったのではないかとも想像される。

少し先に飛んで大久保の小学五年生頃の話をしよう。学校の外に出て適当な場所で水彩で写生させる。たとえば住宅街の通りの横に坐って好きなように構図を取って描かせる。それを先生が廻って見に来ていろいろコメントする。私は狭くて長い通りの一方から先を見渡すようにして描いている。いわばユトリロの大久保版をやるわけである。そして道ばたに立っている電信柱を馬鹿正直に画の中に描き入れてあるのを見て先生は「構図はそれでよいが、その電信柱はじゃまだから消してしまいなさい」と言った。その時私はなるほどと思って、本当に目から鱗が落ちたような気がした。これは画以外にもあてはまる教訓である。

前に書いた戸山荘の地所の西側の境界はほぼ明治通りになる。そのまた西側に戸山荘に匹敵する広大な空地があった。戸山ヶ原と呼ばれていて陸軍の練兵場であり、私の幼少年時には自由に入れて、遊び場としては最上であった。これは切繪図からは少しはみでるだろう。今は学校やアパートになっていて、その頃の面影は全くない。

その戸山ヶ原が近くだったから、そこに行ってやはり写生させる。後で出来たのを教室で一枚一枚黒板に鋲で止めて批評するのであるが、それが単なるよしあしでなかった。私のは戸山ヶ原を二分して通っている山の手線の線路を高みから横に見ているので、線路の向う側に雑木林がある、というようなのであって電車は描いてなかった。それを見て先生は「これは何だか未来派の絵のようで面白い」と言う。未来派の説明もなく、私にもわかったわけではなかったが、たぶん私の画にあまり情緒的な感じがなく、ドライでアブストラクトな気分が出ている所を認めてくれたのだと思う。その人は若くて自分でも美術に対する意欲があって何かしようと思っていたからそんな反応ができたのであろう。ずっと後になってこちらが人を教える身になってからこの事を時々思い出しては、そんな風にできればよいと思った。しかし画ならそれができるが、他の教科では難しいだろう。ともかくその先生は自由な気分のある人であった。

ところが戦争で兵隊になって行くようになったので、担任の教師が短期間講習を受けて来て教えるようになったがそれはひどかった。やはり写生をするのであるが、影になる部分を真っ黒に塗りつぶせと言う。そういう強調の仕方を教わって来たのだろうが、私がぼんやり灰色にしておくと、それはいけないという。自由さの全くない人だった。

しかし画は学校の教科としては教える側から見れば楽である。これだけ教えなければならないという分量がない。へたでも先に進めるが、他の教科ではそれができないと先に進めないということがある。「これは未来派の答案だ」などと言ってすますわけにはいかないのである。

東京大学教授で美学を教えていた藤懸静也という人がいる。彼の講義というのは、スライドか何かで名画を次から次へと見せては「いいですねえ、いいですねえ」と言っているだけであったという。これは佐々木基一が私にした話である。彼は東大美学出身であった。

いくら何でも美術史の講義がそれだけでは困るし、も少し何か話をしたであろうが、何となくそれでもよいような気になるではないか。

小学校の話に戻って、当時の先生は少数の例外を除いてたいてい熱心だった。その変った一例を書こう。余丁町小学校は一学年に男だけの組、女だけの組、男女半々の共組と称する組、合せて三組あった。のちに民族学者として名をなした大林太良は私と同学年で共組の級長であった。私は男組にいたから、非常に親しかったわけではないが、もちろんお互によく知っていた。

三年生か四年生の時遠足で村山貯水池に行った。まず高田の馬場まで行き、そこから西武線の電車に乗るのであるが、駅の構内で私達生徒が並んで待っているそのわきに何かコンクリートの階段があった。共組の担任はごま塩頭の教頭できびしい先生だとされていたが、実はそれ程ではなかったと思う。階段の横側が見えていて、その一段の作る矩形について先生が級長として一番前に立っている太良君に尋ねるのである。その矩形の対角線と底辺の作る角を指して「この角度は何度になるかな」ときく。太良君が何か答えるとそれが気にいらないので、「そうかな、もっとよく考えてごらん」とやっている。そのやりとりが近くにいた私に全部見えて聞えるので、「おやまあ」と思っていた。遠足に来てまでそんなにしなくてもよいではないか。

これとは関係ないが、少しあとの時期の話を書こう。戸山ヶ原は前に書いたように山の手線で二分されていて、東側には樹がなく、私の描いた画の雑木林のあったのはその反対の西側である。ある休日の午後私は同級生の一人とその西側にいた。するとボーイスカウトの一団、八人ばかりが例の丸い制帽をかぶり制服を着てやって来た。

ひとり引率者がいて整列させて訓示する。そして二組に分けて何か指図している。それぞれ相談したのちやがて一組がパントマイムを始めた。林の間のくぼみか水たまりを利用して、イソップ物語の金の斧と銀の斧を演じて見せるのである。実に巧みで、私達二人は少しはなれた所から感心して見ていた。随分気のきいた事をやるものだと思ったのである。それも終ると引率者が私達の所に来て「君達もそんな風にのらくらしていないでボーイスカウトに入ったらどうだ」と勧誘した。入るとどういうよい事があるか説明したと思うがおぼえていない。私は曖昧な返事をして、腹の中ではまっぴらごめんと思っていた。

水上飛行機の画の時と同様感心はしたが、「そうありたい」という気は今度は全くなかった。その少年達は私達よりはやや年長のように思われたがどうであったか。それから二、三年のうちにボーイスカウトは解散したはずである。戦後復活したけれども、私はあの服装をその後どこでも見かけていない。戸山ヶ原も戦争中に立入禁止になってしまった。あの少年達はその後どうしたかと時々思い出されるのである。

ボーイスカウトには魅力がなかったが、何か別のよい世界があるように空想したことはある。西大久保から南に向って歩いて行くと、新宿に近い所の道の左側に四谷第五小学校があった。当時としては珍しいガラス張りの三階か四階建ての近代的な建物であった。その側を通る度に、あんな素敵な学校に行ったら、もっとよい先生に新式のやり方で教えてもらって、今よりずっと楽しくなるのではないかと考えたりした。これは実際その学校の建物を見ているのであるが、もっと空想的なのがある。中野に桃園小学校というのがあった。第一、第二、と第五ぐらいまであったのではないか。そのどれかについての記事を新聞か何かで見てその名前を知ったのであるが、桃園という語感が何となく詩的できれいなように私の心をそそって、ガラス張りの学校と同じように、自分の今行っている学校よりよほどよい理想的な学校ではないかと想像した。その記事もそう思わせるような書き方であった。のちに中野区の別の小学校に行った生徒と中学で知り合って、この想像を告白したら、「何だ、あんな学校」と大いに笑われてしまった。

これは文字通りの空想であって、理想の学校が現実にあると思っていたわけではない。それでも、親か誰かに頼んでもらって、あのガラス張りの中がどうなっているか、机なども新式の物かどうか、暖房もととのっているか一度見せてもらえばよかったとは思うのである。

前に書いたように、私の住んだ若松町、大久保には陸軍の施設が多く、そのあたりには軍人が数多く住んでいて、どちらの小学校にも軍人の子弟がかなり通っていた。陸軍戸山学校に軍楽隊があって隊長は大尉であり、それが軍楽隊では最高位であったと思う。その息子が私と同じ組にいた。しかし学校やそういう軍人の家庭が特に軍人臭かったわけではない。余丁町小学校では陸軍少将の息子がいて、その子が私の所に遊びに来たり私がその家に行ったりしたが、ごく普通の家庭であった。

海軍中佐の息子が大久保小学校の同級生にいて、その母なる人は夫と共に外国生活をした事があったのかどうか、父兄会にも洋装で派手な帽子をかぶって来るという調子であった。それに誰も目をそばだてたわけではない。そこの家に行った同級生は、縁側が砂だらけだったので、これは靴をはいたまま上ってよいのかと思ってそうしようとすると、「おい、靴を脱げ」と言われたよ、と私に語った。私もその家に行った事があるがその通りであった。

親の事は別として私の同級生達はどちらの小学校でもひとりふたりは品行方正とは言えないのがいたがそのほかは皆素直で、皮肉でなく「よい子」であった。のちに幼年学校に行った者もあるが、どちらかというと軍人には不向きで、軍楽隊長の息子などは特にそんな感じに見えた。

当時の小学生の交際の気分を示すひとつの話を書こう。五年生か六年生の頃、級友のひとりから本を借りて、返す時に「どうもありがとう。でもこの本は当り前の事ばかりでつまらなかった」と言った。本当にそうだったのである。それを横で見ていたもうひとりがあとで、「君、あんなにずけずけ物を言うものではない。面白かったと言うものだよ」と私をたしなめた。なるほどとは思ったが納得したわけではなかった。それは場合によるだろう。私は自分より若い人と話す時には随分注意して気を使うが、同年輩の小学生の間ではむしろ正直にはっきり言えた方がよいのではないか。「相手」ではなく「本」について言っているのだから、面白かったなどと嘘をつく必要はない。たとえば今論文を見せられて気に入らなかったら、「君にはもっとよい物が書けるはずだ」、くらいの事は言うだろう。カナダの日本大使夫人の日本滞在回想録をその著者の知人から借りて読んだことがある。その種の本の中では最も浅薄な本であった。貸手は親しい友人であったが、そうはっきり言って返して、それだけの話であった。

　ついでに当時の言葉遣いについて書いておこう。まずひとつ注意すると、当時の東京山の手の中流家庭では「お前」という言葉はほとんど聞かれなかった。父親が使うことは時によってあり得たとは思うが。それを母親が、あるいは兄弟姉妹の間で使うことはなく、学校でもそうであり、使用人に対しても使わなかった。相手を見下して人格を尊重しない言葉とされていたのである。軍隊でもそうで、その代り「貴様（きさま）」を使った。落語でも「お前さん」である。

　これは一例で、一般的に当時の家庭と学校での言葉遣いは今日テレビで聞くよりはよほどていねいであった。子供でも「うん」と「ええ」と「はい」を使い分けていた。よその大人に対しては「ええ」であった。ただし、私の書いているのは山の手の話で、下町ではかなり違っていただろう。「……ちゃん遊びましょ」というのが外からの普通のさそいの言葉であったが、これも下町ではおそらく違っていたのではないか。小学校に入ると、玄関から案内を乞うて、「……君いますか」と大人並にやっていたと思う。

もうひとつ書くと、「赤とんぼ」のアクセントは語頭の「あ」にあるのが正しいとよく言うが、それは一部の下町アクセントがそうであったに過ぎない。私の子供の頃、学校でも家庭でも往来でも、私が耳にした限りではそう発音する人はひとりもいず、皆「と」にアクセントをつけていた。「赤はだか」や「赤信号」と比較すればどちらが自然かすぐわかる。

軍人の話に戻ると、陸軍の情報局にいて戦争中に絶大な権力を振った鈴木庫三中佐という悪名高い人物がいる。この人については戦中に彼と交渉を持たざるを得なかった文筆家によって戦後いろいろ書かれている。それが私の大久保の家の隣組にいて当時は少佐であった。隣組では愛想よく普通にしていて、誰も彼の権力の振い方など知っていなかった。顔がきいたから、隣組で何かする時に便宜をはかるような事はしたと思う。

この少佐の長男が私より一学年下であった。それがこまっしゃくれているというか、こすっからいというかどうも気に入らなかった。隣組で何か行事をして子供も加わる。そんな時に自分に都合よくする目的でお為ごかしのような事を言う。たいした事ではないのでしたいようにさせておいたが、私のつき合っていた同級生達の中には、人を出し抜こうとする者はいなかった。この親にしてこの子ありであろうか。

軍人の対極になるような人物もいた。詩人の金子光晴が抜弁天の近くに住んでいた。私の若松町の家から歩いて五分もかからない所である。市電の通りをぶらついている着流しの男を、あれが金子光晴だと誰かが教えてくれた。その息子の乾が私の兄の余丁町小学校の同級生だったので、その家に兄といっしょに遊びに行ったことがある。二階の廊下の隅に各種の遊び道具が山のように積んであった。かんしゃく玉をつめて鳴らすピストルとかダイヤモンドゲームのたぐいである。私の家でも、私が遊びに行ったほかの家でもそんなに沢山ある所はなかった。子供にそういう物をある限度を超えて買い与えることはしないのが今も昔も常識であろうから、今考えても異様である。彼が小学五年生ぐらいの時であった。彼はひとりっ子で、一方光晴はそんな事に抑制心の働く人間ではなかったのだろう。

今日よくいう肥満児は当時存在しなかった。そこまでいかない太り気味の小学生はいたが、その数は少なかった。金子乾（のち森乾）はその型で、大林太良もそうであった。あとで書くように私は非常にやせていたから、その点が気になっておぼえてしまうのである。

また今日の不登校もなかった。違った意味でのはあった。当時の言葉で欠課児童と呼んだと思う。余丁町小学校にひとりいてめったに出て来ない。たまに出て来て三桁の掛算をきちんとやる。あとで教師が「……君は学校に出ていないのによくできる。それなのに君達は」と変な説教の種に使った。ひどい貧困家庭とも思われず、その事情はよくわからなかったが、そのうち完全にいなくなってしまった。

大久保小学校ではひとり放課後、家で何か働かされている同級生がいた。家業を手伝うというのではなく、今日の未成年者不法就労のように思われた。おそらく孤児が誰かに引取られていたのだろうが、引取り手に余裕がなく、いやいや養っているように見えた。

英語では不登校児童をトルーアント、それを補導する人をトルーアント・オフィサーと呼ぶ。一九三五年頃の黒白短篇映画にこんなのがあった。幼なじみの男女が成人してから再会する。女の方は小学校の先生で、男はそのオフィサーになっていて言う。「君が先生になっていて僕がトルーアント・オフィサーになっているとは全く面白いめぐり合せだねえ」などと草原に坐って親しげに語り合っている。彼等の後には塀があって、その向う側では生徒達が「あんな事を言ってらあ」と笑い合っているのである。

前に書いた体操のできなかったH君はリヨンの幼稚園のトルーアントで親を困らせたと私に語った。しかしフランス語には不登校児童をいうひとつの単語はないし、そのオフィサーもないであろう。

ここで次の頁の写真について説明しよう。これは一九三六（昭和十一）年七月末のある日の朝、新宿駅のプラットホームの光景である。今でもあると思うが、当時の小・中学校では各種の林間・臨海学校の企画があり、学校によっては専用の宿舎設備を持っているところもあった。たとえば府立四中では那須にかなりの広さの農場を所有していた。余丁町

小学校では長野県蓼科の温泉旅館のひとつをその目的に使っていて、写真の列車は中央線茅野駅に向って発車するところである。期間は一週間以上であることは確かであるが、実際何日間であったかは記憶にない。希望すれば父兄も同伴して同じ旅館に泊ることもできた。

写真の左側の窓から顔をのぞかせているのがそこに行く五年生達で、私の兄がそのひとりである。入口に身体を乗り出しているのが私の父で、はじめの二、三日泊りについていったのである。右側は見送りで、右端の扇子を持っているのが校長、その左が母で、日傘をついているのが一年生の私である。この写真は父の友人が撮った。女性の洋装が全くない点が目を引く。髪型は現代風であるが。

当時の中央線の大部分は単線であった。その上、たぶん浅川（今の高尾）から先は電化していなかったから、トンネルに入る時は煤煙が車室に入らないように窓をしめたのである。

四　宇宙の構造

小学校でいやだった事のひとつに祝祭日の「式」というのがある。いったい私はそのほか卒業式とか葬式とか式と名のつくものはすべてきらいである。だから当時の元日とか天長節とかの学校での式も大きらいであった。その式の様子は当時の学校に行った人なら誰でも知っているが、誰でも知っている事は記録されずに、次の時代には忘れられてしまうものである。また実際書かれたのを私は見たことがないので、その「当り前」ではあっても今の人は知らないだろうと思われる事を書いてみよう。

祝祭日の中には春季皇霊祭のように休日だけになるというのがあってそれは問題ではなかったから、ここに書くのは、そうでなく、学校に行かなければならなかった祝日である。説明するのにまず天皇の御真影という物があった事に注意する。これは天皇裕仁の写真であって、それが各学校に配布されていた。実は天皇と皇后と並べた写真であったように思うが、その点は重要でない。学校には奉安殿という小さい神社風の耐火建築があり、そこにこの御真影がしまわれていた。式のある祝日が来ると、前もって校長がその御真影を取り出し、うやうやしく捧げもって式場の雨天体操場兼講堂に運ぶ。そして正面壇上にある床の間のような壁のくぼみのカーテンの後に安置する。やがて時間が来て教師と生徒が全員その前に整列して式が始まる。

その順序がどうだったかよくおぼえていないが、ある時点で校長が壇に上ってそのカーテンの紐を引くと御真影が現れる。そこで教頭の号令で皆が最敬礼する。「君が代斉唱」というのがあって「君が代」を唱う。次に校長が「勅語奉読」を行う。明治天皇がたまわった教育勅語を読むわけである。

「朕惟ふに我が皇祖皇宗国を肇むること宏遠に徳を樹つること深厚なり。汝臣民克く忠に克く孝に億兆心を一にして……」ではじまり「明治二十三年十月三十日御名御璽」で終る文章である。君が代と勅語とどちらが先であったかたしかでない。その祝日用の唱歌があってそれを唱う。その前か後に校長が訓話をして最後にカーテンを閉じて式が終る。

その後生徒は教室に行き、そこでまた担任の訓話を聞く。各人紅白二個一組の「菊の御紋章」に型取った干菓子をもらう。それでおしまいで家に帰るわけである。君が代の歌詞は静御前のような白拍子が貴人の前で唱ってお祝儀をもらうという性格のもので、それを国歌にしたのは変な話である。時代の常識とはその程度のものであった。私達のもらった紅白の干菓子もお祝儀であったのか。ところが今日この不適当な歌の斉唱を強制する愚昧かつ憎むべき連中がいるというのは実に驚くべきである。

勅語奉読はゆっくり読んでも五分とはかからない。だから校長が長広舌を振わない限り、式に要する時間はたいしたものではなかった。しかしまったく退屈きわまる行事であった。しかしそのような写真に対する形式化された敬礼をよく行っていたものである。共産主義国の個人崇拝をよく言うが、裕仁はそれと同様なことを国民に強いていたのである。

一九四八年一月に「蟹の横ばい事件」というのがあった。衆参両院の正、副議長が天皇に挨拶して引き下がる時、顔を天皇に向けたまま、蟹の横ばい式に足を横ずさりして移動しなければならぬしきたりだったのを松本治一郎が拒否してそれが事件になったのである。戦後二年たってもまだそうであった点にも注意すべきである。興味ある読者は調べてみられれば、いかに彼等が愚劣であったかがよくわかるであろう。皇居遥拝とか行幸沿道の奉迎とか無意味な礼拝はまだまだあってそれらを全部書いたら優に一冊の書物になる。今でも宮内庁の愚劣さはいくらもあるように見える。

ここで天皇裕仁の戦争責任を詳しく論ずるつもりはないが、今日多くの論者が忘れていることをひとつ書いておこう。彼は大元帥陛下であって軍事の統帥権を持つただひとりの最高権力者、最高責任者であったのである。この事に注意すべきだというのは私の創見ではないが、くり返して注意することは無駄ではないであろう。軍事は内政とは別である。

軍隊かるたというのがあった。行軍かるたであったかも知れない。大将の札は軍旗の札に勝てない。しかし旗手の少尉の札は軍旗の札に勝つ、という具合になっていた。大元帥の札はもちろんなかったが、あったとしたらゲームが成り立たなくなる、天皇とはそういう存在だったのである。そんな人物に責任がないはずはない。

式の話に戻ると、おおっぴらにそう言う人はいなかったが、まあうんざりしていた人は大勢いたのではないか。校長にとっては、それが勤めの中に入っていたから、式が終ると、やれやれ今日も無事にすんだ、と思って安堵のためいきをついたのではないか。

しかし大衆は何でも茶化してしまうもので、それは教育勅語でも例外ではなかった。子供同志の間で次のような遊びがあった。子供の甲が乙と向かい合って乙に自分のまねをせよと言う。甲が天皇の気分で勅語を読みそれを乙に復唱させるのである。まず甲が人指し指を鼻の頭につけて「朕」と言うと乙もそうする。甲が次に腕を組んで「惟うに」と言うと乙も腕を組んでそう言う。それから甲が腕を大きく拡げて「我が」と言うと乙も腕を拡げる。その瞬間に甲が乙の脇の下を「皇祖皇宗」といってこそぐるのである。

もちろん同じ相手に二度は出来ない。私が子供であった時よりかなり前からあって、しかも全国的に分布していたのではないだろうか。勅語を作文した日本人もいれば、こんな遊びを発明した日本人もいた。

もっと品の悪いのもあった。「朕おもうに屁をひって、汝臣民臭かろう。鼻をつまんで御名御璽。」このほかにもいろいろあったろう。

米国人はよく「日本人は天皇を神だと思っていた」などという愚劣な事を言うが、現人神という言葉はそういう意味ではない。日本語の神とは彼等の言う神ではない。乃木希典についていて黒岩涙香は「人と生れし神にぞありける」と言ったが、そういう意味の神もあるし、また「神であるかの如く」という考え方もあって、日本人は一般にもっと自由に考えていた。それを政府や軍部がゆがめたのである。その自由な考え方を示す例をもうひとつ書いてみる。

前にもちょっと注意したように一九三六（昭和十一）年二月二十六日に陸軍の数連隊の兵士が叛乱を起した通称二・二六事件というのがある。彼等は大臣ふたりと陸軍の高官を殺したが結局鎮圧される。その報告を受けた天皇がふらふらっとよろめく。侍従が「陛下、どうなさいました」と聞くと天皇が「朕は重臣を失えり」と言った。つけ加えると叛乱軍を帰順させるためのアドバルーンがこの時あげられた。これは冗談ではない。

当時首相であった岡田啓介が押入れにかくれて助かった話は有名である。私はその二年か三年あとに大久保から新宿の方に歩いて行き岡田邸の前を通る事が何度もあった。いつも警官が門の側に立っていたのをおぼえている。

もうひとつ戦後のを書いておく。現皇后が皇太子妃殿下であった頃の話。昭和天皇が歩いて行く後を妃殿下がついて行く。天皇が一発大きいのをする。そこで妃殿下が「あら陛下」とおっしゃった。

下品で不謹慎といえばその通りで、また無意味でもあるが、そういう事が言えるのは社会がそれだけ健康である証拠である。

しかし御真影や教育勅語とは違って日本の小学校の教育が進歩していたと思われる例を書く。前に書いたように算数の教科書などは世界的に見ても第一級のものではなかったかと思われるが、それとは違った型の話である。

ある日担任の先生であったかほかの先生であったかおぼえていないが、宇宙がどのように出来ているかを説明してくれた。地球が太陽のまわりを廻っているが、地球は単に太陽のまわりを廻っている九個の惑星のひとつに過ぎない。地球のまわりを廻る月があるが、それと同様に惑星のまわりを廻る衛星というのがある。太陽は銀河系に属する恒星のひとつであり、太陽のような恒星は無数にある。そこからさらに銀河系の外に何かあると言ったかどうか、その点は重要でない。

重要な点は、それにつけ加えてその先生が言った言葉である。太陽以外の恒星にも惑星があって太陽系のようになっている、というのである。すべての恒星と言ったか、恒星の中にはそういうのがあると言ったか確かでないが、ともかくそうなっていると言ったのである。素朴と言えばその通りであるが、小学生の私にはそれが非常にもっともらしく聞えた。

当時東京にプラネタリウムがあった。一九三六年頃に出来たらしい。小中学校から教師同伴で学級全部ではなくても大半がそこに行くのは普通の事であった。だからその宇宙の話も、プラネタリウム参観の前後にあったのではないか。

その先生がそういう考えをどこで学んだのか。ほかの学校でもそう教えていたのか。これらの点については私は何とも言えない。望遠鏡が発達して十九世紀終り頃には見える星の数が非常にふえ、その結果今言ったような素朴な宇宙観が成立して、通俗科学書にはそのように書いてあったとも考えられる。ともかく私は日本の中でこれに反する意見を聞いたことはない。それ以後今この文章を書いている現在まで、私はこの考えは原則的に正しいと思っている。

ところが一九六〇年代のある時、米国では全くそうではないという事に気がついた。私は一九五七年にフランスに行き、それが私の日本を出た始めてであって、それについてはまた後で書く。それから米国に行き日本に帰り、再び米国に来たのは一九六二年だから、その年かその翌年ぐらいの事だと思う。太陽系・地球・人類などというのは宇宙にただひとつの存在であるという考えが米国では支配的であった。

サイエンス・フィクションでは太陽系だけではつまらない。当然他にも惑星を持つ恒星があって、生物がその惑星にいることにした方が面白くなるから、短篇、長篇いくらもあって、映画にもあった。それは今でもそうである。しかしそれはあくまでフィクションであり幽霊や吸血鬼やフランケンシュタインと同じ程度のお話であった。

だから科学者の間では、一歩ゆずっても「太陽以外に、惑星を持つ恒星はあるかも知れないが、それが発見されない以上、太陽系の唯一性は十分考えられる」という程度であって、それが私にはふしぎであった。

これはもちろん伝統的なユダヤ・キリスト教的世界観に毒されていたわけであるが、子供の頃からそう教育されていたから、毒されているという自覚はなく、無理に「発見されていない以上」というような表向きは論理的な言い方をしていたのである。私の先生の意見にしても厳密に言えば「言い過ぎ」であろうが、何もわかっていないのに唯一性に飛躍するのは、やはり宗教の匂いが強く、全く不自然である。

最近十年間にかなり太陽系外の惑星が発見されたが、それ以前に米国の小学校の教師がその存在の可能性を教室で発言したら父兄からの抗議があって問題になっただろうし、それは現在でも米国のある州ではそうなるかも知れない。いずれにせよ私はそういう不自然な宗教的ドグマに毒されずに日本で育った事を幸に思う。

これに似ていて米国の後進性を示す話がまだふたつある。ひとつは進化論で、米国のある地方では未だに進化論を教えていけないとか、それを教えるなら、ほかの宗教的創造説をも教えなければいけないというのである。大統領ですらそうすべきであると言う。

もうひとつは、思考力を持つ動物は人間だけであるという考えが長い間支配的であった。動物のかなり進んだ知能の例を研究者が見つけると「それは思考力とは言えない」と難癖をつけて、どうしても人間は他の動物とは違う事にしておきたいのであった。やっとこの頃そうではない事がわかって来たようである。この点、変な宗教観のない日本はそれよりはずっと進んでいたと思う。

宗教とは無関係の、日本では当り前だと思っていたのが米国ではそうでない事がわかった例をつけ加える。小学校の水泳のプールである。私の小学生時代の東京の小学校にはプールがあるのが普通であった。全部かどうかは知らない。私が中学に入った時、夏近くなって体操の時間に教師が生徒を二十五メートル泳げる者と泳げない者に分けた所、泳げなかった者は四分の一以下だったとおぼえている。ところが、現在の米国の小中学校高等学校にはプールはまずないと思う。町の公共プールはあり、大学にはあるのが普通であろう。

プラネタリウムからの連想で小学校の映画教育について書こう。その前に注意しておくと、映画館は新宿にいくつかあり、早い時期には広場に小屋掛けのようにして映画というよりは活動写真を見せる所もあったように思う。新宿の映画館には小学校高学年の時と中学生の時、先生同伴で戦争映画を見に行ったことがある。映画館は盛り場でない所にも出来て、山の手線新大久保駅のそばとか、大久保小学校の南にもあった。

ここで書くのは小学校で見せたものである。御真影を飾る場所の前に白幕を下げてそこに映すわけである。いろいろあったがその中に衛生に注意せよというのがあった。小学生が駄菓子屋で不潔な物を買って食べて赤痢になって死ぬというのである。その駄菓子屋の場面で蝿が飛び廻っているのが大写しになる。

当時学校で必要とする以上に子供に金銭を持たせないというのが中流家庭では普通であった。上記のように自分のお小遣いで何か外で買って食べるのは「買い喰い」と言って、いやしい事とされていた。

映画のもうひとつの方は、も少し年長の少年が何かの理由で働き、雨の中を大八車を引いている場面があり、結局肺炎になって死ぬ、というのである。どちらの映画も無声で、字幕で説明されていた。も少し話の筋があったのだろうが、何とも楽しくない映画であった。天皇の御真影よりはよかったか。

その頃は各種の伝染病とか肺炎が恐るべきものであった事は確かである。だから楽しませるために見せていたのではないから仕方がない。それ程教訓的でないのもあったはずだが、それはおぼえていない。

私と同年輩で米国の小学校に行き、中学と高校で私と同級になった友人は、米国の小学生時代しょっちゅうニューモニア（肺炎）の事を話題にしていたと語った。結核というのももうひとつの恐るべき病気であったが、それは幸な事に私達の時代ではだんだんへりつつあった。

五　子供の悩み

私は早生れであったから小学校の組の中で身長は低い方だったが、年齢的に見れば平均であったろう。しかし非常にやせていて、それは今でもそうである。いつも栄養不良という評価をもらっていたから両親は気にしていた。私はそれに近視でもあった。当時の小学校では希望する生徒に肝油を摂取させるようにしていたので、私もそれに加わる事になった。今のビタミン剤のようなもので、市販していなかったのであろう。それはおそらく私の健康にはよかったと思うが、太り薬にはもちろんならなかった。すでに書いたように私は体操は人並で何も困難はなかったし、水泳もできたから、やせている事は別に気にならなかった。

しかし後でひどい目にあった事がある。一九六四年に米国マサチューセッツ州のウッズ・ホールで夏四週間の講演会があってそこに行った。海水浴場があって、暇があればそこで泳ぐことが出来た。岸から六十メートルぐらいか、もっと離れていた所だったか、ともかく大きな筏の台が組んであった。その前、日本にいた時伊豆の海で、ひとりで沖に泳ぎ出て水の上に寝そべっているぐらいの事はしていたから、何でもないと思ってその筏まで泳ぐことにして水に入ると、大西洋の水は驚くべくつめたかった。ともかく筏に泳ぎついて上ったが寒くてぶるぶるふるえていた。そのままにしてもいられないので帰る事にしてまた水に入って泳ぎ始めたが、こごえて溺れ死ぬかと思った。必死になって岸に泳ぎついたが、それにこりて、もう絶対に泳がない事にしてしまった。天気もよかったから肺炎にもならずにすんだ。おそらく昔風の上半身もおおう海水着を着ていればそうはならなかったと思うが、その頃そんなのはどこにもなかった。

やせていなかったらそんな目にもあわなかったのだが、子供の頃もやせているのが関係した事がある。その前にまず書くと、子供の頃は「はやくおとなになりたい」といつも思っていたような気がする。それが小学校前からそうだったのか、何年生頃のことかはっきりしないが。第一おとなになれば、豆に竹ひごを刺さずにすむではないか。子供の時にはやくおとなになりたいと考えた人はかなりいるのではないかと思うがそんな統計を取った人はないだろう。今となってはどういう気分でおとなになりたいと思ったか思い出せない。「おとなは子供を自分達の都合のよいように操縦してうまくやっている」とまでは考えなかったけれども、「子供である事は損だ」と思った事は確かである。

それと似たような事でおとなにいいようにされていると思った事はある。私の長姉は私が小学校三年生ぐらいの時に女学校を卒業して、花嫁修業の洋裁を習っていた。子供用の夏の袖なしのシャツの模様つきのを作って、母は私に学校にそれを着て行けと言う。そんなのは誰も着ていないから気恥ずかしくて着て行かれないし、第一私はやせていて寒がりだからそんな袖なしはいやだと言ったが、おとな達は、これが素敵だとか何とか言いくるめ、なだめすかして着て行かせようとする。泣く泣くいいなりになったが、その時おとなは何と身勝手な事をするのかとつくづく思った。今考えれば登校拒否をすればよかったが、それだけの度胸もなかった。

小学校では七月二十五日から八月末までが夏休みであった。私は一年生になってはじめての夏休みになった時、なぜ休みになるのかわからずにふしぎであった。姉や兄があったから夏休みがあることは知っていたであろうが、自分が学校に行くようになってそれを実感したのである。おとなは皆つとめをもっていて相変らず出勤するなどして以前のように働いている。それなのになぜ小学生は学校に行かないのか。別に学校が好きでもっと通学したかったというのではない。その仕組がわからないという単純な質問であったのである。夏休みがなければ夏休みの宿題もないと考えたわけでもない。私は心の中でそう思っただけで、口に出しておとなには聞かなかった。口に出したら「子供らしくない変な事を言ういやな子だね」という反応があったとは考えられる。

しかしこの質問に正確に答えるのは案外難しい。歴史的理由と実際的理由とがある。気温が高くなると学習能力が落ちるのは確かであるが、涼しい国でも夏休みはあるから、それが主な理由ではない。

ずっとあとになって学生の論文指導をするようになると、夏休みの存在意義を別の観点から見ざるを得なくなった。それは彼等が甘く考えていて、それまでにやった事を休みの中に全部忘れてしまうからである。そうならないやり方などをこんこんと言い聞かせていると、こちらがひどく年寄りになったようでいやだった。少なくとも夏休みがなかったら私の指導の仕事がずっと楽になったであろう。

この夏休みとは違うが少し似た事がある。小学校ではどの先生もが「皆さんの食べている物はお百姓さんのたいへんな苦労の結果なのだから、ありがたく思わなければいけない」といつも強調していた。そのほかに物を粗末にしてはいけない、倹約しなくてはいけない、というのがあって、それはもっともなことであった。もうひとつ、「お金をあまりありがたがってはいけない」とも言っていたが、子供はお金の重要性をよく理解しているわけでもないから意味がないし、また偽善的でもある。しかし、始めのお百姓さん云々には別の面があるのでその事を少し書いてみよう。

毛沢東の下の中国では労働人民という言葉を使って、それは今でもそうかも知れないが、その言葉を借りれば、先生達は「労働人民の存在を忘れてはいけない」という事をひとつの例で言っていたのである。これはいささか言い過ぎであるが。

しかし子供の頃の私はこの考えに変な形で影響されていた。たとえば、私が両親に連れられてどこか行楽地に行く。電車に乗って外を見ると、実際お百姓が田畑で草を取ったり何かして働いている。それを見ると遊びに行く自分が何か悪い事をしているようなやましい気分になったのである。

私のうちは決して裕福ではなかったが、それでも労働人民階級には属していなかったことは確かで、それがやましく思われたのである。行楽の行先は有名な神社仏閣、各種の遊園地などで、そこに行きつけばやましい気分など忘れてしまうのであるが。それでもその気分は私の少年時代いつもつきまとっていた。しかしそれを言うのはみっともないような感じで口に出した事はなかった。口に出してもどうにもならないのだから、おとなの言葉で偽善的になる事が子供の感じでわかっていたのだろう。

その頃は労働の実際については何も知らなかったが戦争末期に勤労動員で工場に行き、そこで働くという事の意味をはっきり理解したのである。そのためにというのではないが、私のやましい気分は戦争末期から戦後にかけての時期に完全に払拭されてしまった。自分が労働人民階級ではないが窮乏階級に入ってしまったから、やましく思っている余裕がなくなってしまったのである。

戦後世間が落ちついて私も学校で教えていた時、この私の子供の頃の気分を同僚や同年輩の知人に話したことがあるが、「そんな事は考えても見なかった」という反応の方が多かった。しかし当時の私達は今日では想像できない程の安月給で働いていたから、毛沢東流の労働人民ではなかったが被搾取階級に属していたという点では意見が一致した。ひとつ注意すると、このやましさに似たような事を今日口に出して言う子供がいたとしたら、それはほとんど確実に自分の考えではなく、誰かの口まねである。

それはともかく、実はやましく思わなければならなかったのは私ではなく、ほかにいたのであるが、幼稚な私はそれに気がついていなかったのである。

小学校の二年の終りまでは前に書いたように、私の楽しかった時期であるが、三年四年の時はそうでなかった。担任になった人はひどく悪い先生ではなかったが、どうも誠実さにかけているような感じがあった。器用な人でうまく立廻っていたようで、私には好きになれなかった。その頃を思い出すと、毎日雨が降ってじめじめしていて教室もうすら寒く、陰気だったようにさえ思えて来るのであるが、その担任が好きでなかったからであろう。五年六年の時は大久保小学校で、前に書いた画の変な描き方を教えた人が担任であった。くせのある人でやはりおかしな所はあったが三年四年の時よりはましだった。同級生とはうまくいっていたからまあまあであった。

中国大陸での日本軍は泥沼状態であり、物資も一九四〇（昭和十五）年頃には欠乏し始めていた。しかしそれを一番よく知っていたのは庶民であって、軍部は全く問題にしていなかった。その前年の夏ノモンハン事件があった。当時満州にいた日本陸軍がソ連軍と衝突し、日本軍がほとんど全滅した戦である。その敗戦の詳細は当時国民に知らされなかった。ただ草場栄大尉が何年か後に書いた『ノロ高地』にはある程度にその悲惨が記録されていて、かなり評判になり私も読んだ。しかし勢いがついてしまうとどうにもならず、一九四一年十二月八日に米英両国に対して宣戦布告するのである。戦争について書くのが私の主目的ではないが時代的背景を示すためにこれだけ書いた。

しかし開戦に対する私の反応は書くべきであろう。ところが真珠湾攻撃については何もおぼえていず、そのすぐあと十二月十日のマレー沖でのイギリス二戦艦プリンス・オブ・ウェールズとレパルスの撃沈が印象に残った。ほかのことは忘れたがこれだけは「痛快だ、ざまあ見ろ」と思った記憶があり、そう思った事を今でも後めたくは感じていない。

現代の人は歴史の書物でしか学ばないが、当時の世界地図を見ると大英帝国の領土が驚くべき面積を占めていた。色分けしてあるからひと目でわかるのである。そういう植民地の上にあぐらをかいて何の反省もなく、阿片戦争とか自分達の都合のよいように勝手に悪い事ばかりしていた国に、ともかく目に物見せたのであった。大英帝国衰亡史が書き始められたと言ってもよいであろう。こういう感情は基本的に正しいというのが私の意見である。

ともあれ私の小学校の六年間はその翌年三月に終る。ひどく長い六年間だったような記憶があり、終った時にはせいせいしたとも表現できる。

六　中学では

当時は小学校を卒業すると、それで義務教育はおしまいであった。私の家の近所に畳屋があり、その家の息子は私と同学年で、別の組では一番か二番のよく出来る生徒であったのに、卒業するとすぐ家業を手伝って働いているのを見た。気の毒と言ってよいのか違和感があった。学校は高等小学校、中学校のほかに各種の実業学校があった。女子の中学にあたる学校は高等女学校と呼ばれていた。夜学もあったから、畳屋の息子が夜学に通っていたという可能性もある。いずれにせよ誰もが中学や高等女学校に進んだわけではない。

私の卒業する少し前までは中学の入学試験というのはひとつの難関であった。その頃の小学六年生は受験勉強をやっていたわけで、受験指導は担任教師の大きな仕事であったし、よい中学に数多くの生徒を入れる事は彼等の功績になるのであった。小規模の学習塾も個人教授もあったが、今日ほどではなかったろう。もっとも私は今日どうなっているか正確には知らない。

ところが幸なことに私の時は筆記試験はなく内申書と口頭試問だけであった。学区制もあった。東京府立第四中学校に入ったのであるが、合格者二百五十人に対して受験生三百人という異常に小さい倍率であった。口頭試問は「あなたは何歳になったら一人前に独立できるようになると思いますか」それに答えると「その時あなたのお父さんは何歳になっていますか」という程度であった。私の両親は相変らず私の栄養不良を気にして、そんな事ではねられるのではないかと心配していたが、何とか入れた。その学校は市ヶ谷にあって、切繪図からは少しはみ出した位置にあった。しかし私が毎日歩いて通う道は、ほとんど切繪図の中であった。

入ったはよかったが、一週間もするとこれはとんでもない学校に入ってしまったと思った。きびしいと言うかやかましいと言うか、何とも窮屈なのである。よく言えば「しつける」ことに熱心であって、その点では当時の中学校は公立でも私立でも原則的には同様であったと思われる。前に書いた久右衛門坂の下の中学でも、金持のできの悪い子弟を入れても、入れた以上はきびしくしたのではなかろうか。そして親達もそれを期待していたのではないか。

しかし、そのやり方には大いに差があって、私の中学はどうも旧式であって余裕がなく、形式にこだわる所があっていやだった。もっと近代的で開けた学校もあった筈である。しかしその窮屈さは別として、先生達は皆熱心できちんと教えようという職業意識があっていいかげんな所はなかった。

だから窮屈な中学校ではあったけれども、そこでのはじめの二年八箇月、勤労動員されるまでの期間は、私が学校生活を最も素直に、またまじめに送った時期である。楽しかったとはとても言えないが、いやでたまらなかったわけでもない。教わるべき事をきちんと教わったのだから私は感謝すべきである。その中学の教科について少し書いてみよう。

低学年では園芸と音楽があった。園芸は肥料の種類などを教わり、そのほかに実習があった。学校から歩いて数分の所に四千平方メートルぐらいの小農場があった。これは有益であった。

音楽はというと、当時の日本の音楽のレベルは今日では考えられないくらい低かった。小学校に戻って書くと、低学年では歌を唱わせるだけだが、高学年になると和音を教えたり二部合唱をやる。大久保小学校では若い女の先生が熱心に教えたが、生徒の達成度は彼女の理想をはるかに下廻った。

国語には例のベートーベンの月光の曲のお話があった。学校には電気蓄音機があって種々の目的に使っていて、それが各教室の拡声機に接続されていた。ある日私達はそれを通して教室で月光の曲を聞いた。聞き終ると担任の教師は例の「影をぬりつぶす主義」の人で、「こんな曲のどこがいいんだろう」と言ったのである。生徒は皆黙っていた。

レコード会社はその種の曲を含めた「泰西名曲集」とか有名作曲家の曲を大小各種のセットにして売っていたから、月光の曲のレコードが家にあるという生徒もいた。ピアノやオルガンのある家庭はもちろんあったが、ほとんど女子用であった。だから中学一年生でピアノがひけると言っても「猫死んじゃった」程度をたいして超えているわけではなかった。ついでに書くと、この曲は英語でチョプスティクス（箸の複数）と呼ぶ。両手の人さし指を使うからそれを箸に見立てたわけである。マリリン・モンローが「七年目の浮気」の中で主人公の男に教えている。

もっともピアノがひけるかひけないかは音楽の理解とは無関係である。それはほとんど明らかであるが、念のためつけ加えると、有名作曲家でピアノがまともにひけなかった人はヴァーグナーを含めて何人かいる。

私の中学では当時名を知られた人が先生で、ソナタ形式などを説明してくれた。例としては田園交響曲を聞かせて曲の構造の説明をした。その辺はよかったが、ある日どういう理由でか生徒ががやがや騒ぎ出したので、その先生は怒って出て行ってしまった。級長が皆に静かにするように頼んでから謝りに行き、また来てもらったのである。これも陽気のせいであったかも知れず、外の教科でも、また今日でもあり得るだろうが、当時の中学生の過半数はそんな調子であった。

私は姉が三人いるから多少知っているが、女学校はそれとは違ってやり易かったろう。私の観察では、当時その年頃で男がピアノがひけるとか音楽に理解があるのは、たいてい親がそうで、当人が長男であるか、ほかに女の子がいない場合である。

普通の教科ではその種の問題は少なかった。昼休みのあとの最初の時間にはやはり陽気のせいで皆眠くなり注意力散漫になって、先生が怒り出す程度の事はあったが。

英語は二年生以上では副読本があって、二年の時はイソップ物語であった。その頃中学では主要科目にはアンチョコと称する解説書があって、それを使うのは害があるとされていた。ところが私は神田のある古本屋でイソップのアンチョコを買った。なぜそうしたのかは今となってはわからない。アンチョコがなければ困ると思っていたわけでもなく、何となく思いついて買ったのだろうが結果的にはよかった。副読本よりは話の数も多く、よくできていたから、私はそれを読んで害があるどころか、英語を楽しんで学ぶことができたと思っている。それは典型的なアンチョコではなく、イソップのまともな訳注書に近い物であったかも知れない。

三年生の時の英語の先生は面白い人だった。名を知られていて著書もある五十代の人で、一九四四年春頃、「ドイツなんかだめでイギリスを学ばなければいけない」と言っていた。当時日独伊三国同盟があって、日本は米国英国と戦っていた時である。

その先生からは副読本のアラビアン・ナイトを教わっていた。ある日何か用があって教員室に行き、用がすむとその人はそれの英語のぶ厚い本を出して来て、色刷の口絵を私に見せた。若い女が腹部をあらわにして、いわゆるベリーダンスを踊っている所を私に見せて、「どうだ」というようににやりとしたのである。そんな物は刺激的でも何でもありはしない。ことによるとその先生は私の無反応にがっかりしたのかも知れないと今考えておかしくなる。藤懸教授のように「いいですねえ」と言えばよかったか。

この先生ではなかったが、ある時英語の書取りをやった。たしかメイプル・シロップを採るという十数行の話であったと思う。それをやって答案を集めたあとで、どういうわけか採点せずに、またすぐ返せと級長か誰かに指図していた。そんな事はその時だけであったが、私は教室を出る前に、その重ねられた答案の一番上の一枚を見ると、実によく出来ているのである。誰も見ていなかったので、私は思わずその答案の上の方に先生が書いたようにVery good indeedとペンか赤鉛筆で書き込んで、わからないように下の方に入れてしまった。

このいたずらはその答案の筆者にも誰にも話したことはない。もちろんそんなによく出来た答案が評価されない事に不満であったのはたしかである。しかし私は、というより人は、衝動的にそんな事をしてしまうものであるとした方がよいであろう。

一般的に言って私の中学の教育のレベルは低くなかった。のちに戦争末期に東京市民が来るべき空襲を逃れるために地方に行き、それを疏開と呼んだ。私の中学の級友で疏開して地方の中学校に通った者が戦後に私に語った所によると、彼の行った中学は府立四中にくらべてはるかに程度が低く、その上生徒達が粗野で、つくづく東京の中学のよさがわかったというのである。それはおそらく本当の事で、だから私もあまり窮屈さを強調すべきではない。それにいかに窮屈であったかを書いても面白くない。

しかし先生はよくても、数学の教科書には問題があった。これはつまらない事ではないから詳しく書く。

中学一年の数学はまず小数・分数の四則計算をやる。小学校でやった事をもう一度ていねいにやる。そのあとで旧式の鶴亀算、流水算、旅人算とかのたぐいを念入りにやる。私の少し前の時代の人達の中学の入学試験にはその種の問題が出ていたから、彼等はそれを二回習った事になる。

私はその種の問題を面白いと思った事は一度もない。やらされるから仕方なくやっていたのである。当時すでにその種の人工的設問は愚劣だという意見が出ていて、実際小学校ではやめていたのだから、全く無駄な事をしていたものである。進歩的な小学校の教科書が出来てから九年もたっていたのに中学では旧態依然であったのである。

これは中学だけの事ではなかった。高等学校でも大学でも（ここで言っているのは旧制のもの）「これを教える事になっている」から無批判にそれを押しつけてそうしたのである。おそらく菊池大麓とかそのあと英国で学んで来た連中が英国流の方式をそっくり取り入れたのをそのまま続けていたのではなかったか。ドイツやフランスでの教育法はどうであったか、その影響はなかったのか、などの問題はある。流水算や旅人算のたぐいの算術を教えていた国は一九三〇年代には日本とイギリス以外にはあまりなかったのではないかと私は思うが、これはよく調べてみないとわからない。たぶんアメリカでは教えていなかっただろう。

ついでに書いておくと、イギリスはドイツやフランスにくらべて、応用数学は別として「応用」の字のつかない数学はだいぶおくれていた。それは十九世紀末から二十世紀にかけての事を言っているのであるが、イギリスの数学のこの意味の後進性は今でも残っている。

しかし教える事になっている事をやめるのは中々難しい。旧制中学では平面三角法・球面三角法を教えていた。後者はたぶん中学五年の教科である。球面三角法はつまらぬ事ではなく、はなはだ有用な数学であるが、それをこの段階の普通教育で教える必要はない。そところがその一小部分で教えてもよい、いや教えた方がよいと思われる事実がある。それは、球面三角形の内角の和は二直角より大きいが、その差がちょうどその三角形の面積に比例しているという定理である。これは非ユークリッド幾何学の一番簡単な例であって、だから少なくとも、非ユークリッド幾何学というものがあると説明して、この定理を例として挙げるのは、現在の高校一年のレベルで出来ることであって、むしろそうした方がよいとはっきり言える。

私の中学の話に戻って、一年生の時、計算尺を使うことをやったが、これは意味があった。数学とは形式論理の組み合わせではなく、感覚的な部分の方が重要である。だから小数を近似的に取り扱う感覚を身につけるには計算尺は有用であったと思う。この近似という感覚は重要であって、「円周率は3である」とはどんな事があっても教えてはならないのである。

無駄な事を教えたがった背景には次の考えがあったのだろう。何かを学ぶ前にはまず別の事を学ばなければならず、その順序をふまなければならないというのである。それは正しい場合もあるが、そうでない場合も多い。

つまり当時どう考えていたかというと、代数を学ぶ前には鶴亀算などの算術をしっかりやらなければならない。しかもぶ厚い教科書があって、それを全部やらなくてはならない。旧制高校の解析幾何と代数なども同じことで、これでもかこれでもか、と実にしつこくやったのである。二次曲線の分類など微に入り細をうがち、あきもせずにやった。私の高校の時はそれ程でもなく、その事はあとで書く。

九九とか小数・分数の四則計算は別として、中学に入ってから以後の数学はあまりしつこくせずにあっさりやった方がよいと私は思う。昔しつこくやった数学教育の中に初等幾何がある。ピタゴラスの定理とか三角形の内角の和その他基本的な部分はよいが、その複雑な問題を作って、例の補助線を引いてどうのというのをやっていた。旧制高校の入学試験にはそれがあった。これもどこまで教えるべきかは中々難しい問題であるが、原則的にはあっさりすませるべきであろう。現在どうなっているか私は知らない。

教え方とは関係ないが、中学二年生ぐらいの時の事をひとつ書こう。『百万人の数学』(Mathematics for the Millions)という本があった。著者はホグベン(L. T. Hogben)といって数学者ではないが大衆向けの数学の啓蒙書を書いたのである。この人はその他にも本をいろいろ書いている。初版は一九三七年で、よく売れたらしく、その邦訳があまり間をおかずに出た。ところでこれに便乗して、全く同じ『百万人の数学』という題の本を書いた人物がいる。当時物理学校(現東京理科大学の前身)で教えていた人で、ここでは単にTと呼ぼう。ホグベンの書の訳者達も変に思ったが、どうするわけにもいかなかった。このTは水銀か何かを金に変える事に成功したと称して、それが新聞記事になったりした。

さて私の中学でこのTを呼んで講演させた事がある。女性的な細い声で、つまらない話だったという以外には何もおぼえていない。

ここで問題にするのはその講演の内容ではなく、その講演の行われたのがその錬金術の話や『百万人の数学』が話題になった後だったという事実である。現在の私が言うのでなく、当時の私が考えて、このTは明らかに売名家かそれ以下のいかさま師であったのに、中学の先生達はそれを全然気にしないで大学者扱いにして呼んで講演させたのである。

彼等の中には物理学校出身者もかなりいたから、案外Tの方から持ちかけたのかも知れない。この種の話は今でもあると思うが、いくら何でも錬金術師を呼んで話させたのはひどかった。私はホグベンの本もTの本も読んだが、どちらもつまらなかった。Tのについては何もおぼえていない。ホグベンの方は、当り前の事ばかりで、も少し読んだら何か面白い事があるかと期待して読み進めたが、終りまで行っても結局何もなかったのでがっかりしたのであった。

私は結局は数学者になった人間だから、そんな本を読んだこちらが悪いとも言える。しかし一般向けの本としても人にすすめる気にはなれない。

下らない本の邦訳は無数にあるし、これなどはまだよい方なのだろう。講演について言えば、いかさま師でなくても、有名人を呼んで話をさせるのは、たいてい時間つぶしにしかならない。有意義な話の出来る人などめったにいるものではない。そこまではっきり言える。

私達の学業は、三年生の時の十一月で中断される。いわゆる勤労動員で、学校に行かずに、「お国の為に」どこかで働くのである。私達が最初に行ったのは大崎の鉄工所で、そこでは戦闘機の部品を作っていた。その工場が疎開する事になり、その後いろいろの所で働いた。いちいち詳しく書かない。そういう場所に行かなかったら一生知らなかっただろうと思われる知識を得たことは確かである。

動員されたのは中学生だけではない。国家総動員法という法律があり、何度かきびしい方向に向って改定された。成年男子で無職あるいは不急不用の産業にたずさわっていた者はもちろんのこと、未婚女子である年齢の幅に入る者はすべて就労を義務づけられた。だから私の次姉は戸山ヶ原の近くの陸軍技術本部で何か事務の職についていた。

これとは無関係に中学にはかなり早い時期から軍事教練というものがあり、どの中学にも配属将校がそのために来ていた。私の中学ではその将校にキチというあだなをつけていた。きちがいのようだというのである。当人もそれを知って、ある時生徒を集めて自分の態度を弁明した事がある。その内容は忘れたが、私はこの人が特に狂信的な軍国主義者であるとは思えなかった。年もとっていて、どこかでお上がきめた方針に従って自分の仕事をほかの教師同様に熱心にやっていたに過ぎないので、私にはむしろ普通の人のように思われた。校長の方が私は嫌いであった。キチなどと呼んだ生徒の方がおかしかったとも言える。いずれにせよ誰にとっても不幸な時代であった。

教練などはない方がよかったが逃げるわけにもいかなかった。と言うよりもむしろ、いつも戦争の影が大きくかぶさっていて、私達はその暗さから逃れることは出来なかった。もちろん毎日がまっ暗だったわけではなく、中学生のことだから何とか朗らかに暮そうとしてはいたのだが。ともあれ次の章ではその暗い日々の記述をすることになる。

七　終戦前後

私の中学時代はほぼ米国英国との戦争の時期と重なる。もちろん中国大陸ではその前から戦っていた。蘆溝橋事件は一九三七年七月七日、私の小学二年夏休み前の事である。戦争が終ったのは誰もが知っているように一九四五年八月十五日、それまで勤労動員で働かされていた私達はまた中学に通うようになった。校舎は空襲で焼かれていたから、市ヶ谷に焼け残っていた小学校を借りた。空襲その他の戦争中の事はあとまわしにして、戦後のその年にあったふたつの事をまず書こう。

ひとつは大した事ではない。九月か十月、私は両親と共に三鷹のあるアパートに住み、市ヶ谷まで中央線で通っていた。同様に中央線を利用している同級生は多かったが、そのひとりとある日学校の帰りに新宿駅のホームで今言う快速を待っていた。当時私達は学校の制服制帽で、胸には自分の名前と組の名を書いた布片を縫いつけていた。戦中そうであったのをそのままにしていて、それはほかに着る物がなかったからということもある。

ふと見ると同じ制服制帽、胸には同じ組の布片をつけた少年が三メートルばかり離れて立っているのに気がついた。私といっしょにいた同級生もそれに気がついた。ところがそんな顔は見おぼえがなく、布片の名前も知らないのである。だからこちらでふたりが顔を見合わせていると、向うも私達に気がついて二、三秒にらみ合った。とたんに向うは後を向いて逃げ出し、どこか人ごみの中にまぎれ込んでしまった。

つまり贋学生だったのである。私の中学はいちおう名門中学という事になっていたが、制服制帽の手間を掛けてそこの贋四年生になるというのは私には未だにわからない。ともかく戦後だからそれが出来たので、戦争中には不可能であったろう。

八年ばかり後東京大学に職を持っていた頃、贋女子学生がいて、私の教えていた教室に来て話したこともある。当時は女子学生の数も少なかったから、その存在はかなり多くの人が知っていたが誰も贋だとは思っていなかった。この人は学科の方はきちんと勉強したらしく、あらかたの本物学生よりはよく出来たのではなかったか。四年間大学に通ってそのあとでばれてしまった。当時評判になったからまだ記憶している人も多いであろう。

もうひとつ、終戦の年の同じ頃の話を書く。私の住んでいたアパートは三鷹の禅林寺に歩いて五分位の所であった。この寺には森鷗外や太宰治の墓がある。もっとも太宰治が玉川上水で情死するのはこの三年あとであるが。そのアパートは一階八室二階八室ぐらいの当時よくあった貧乏くさい型のものである。まだそれ程寒くなっていない季節のある日の午後、私はひとりで二階にある一室でぼんやり本を読んでいた。

すると窓の外の少し離れた所からブーン、ブーンという音が起って来てそれが止まらないのである。大して気にしないでいると人声がするので外に出て見ると、その音の原因はひと目でわかった。アパートから一軒おいた四ツ角にある電信柱の上の方の横木に男が立っていて、その頭のあたりから薄青い煙が立ち昇っている。つまりその男が感電死している状景を衆人が目撃していたのである。

ところが大きな声で叫ぶ者もなかったし、私もとんでもない事が起っているなどとも思わなかった。戦争のために、それ程皆鈍感になっていたのであって、もしそれが戦争のあとでなかったら悲鳴をあげたりして大騒ぎになったであろう。

その頃はよく停電があった。当の男はアパートの管理人で、何か心得があったらしく、その電信柱に登ってはよく細工していたのだが、その日は失敗してそんな目にあってしまった。

なぜ鈍感であったのか。それは戦争中は我々はつねに死と隣り合わせに生きていたのであって、また死者を見る事はいわば日常茶飯事であったからである。

私が自分自身で体験した空襲はその年一九四五年の四月十三日と五月二十五日の二回であるが、その前の三月十日の大空襲もよくおぼえている。私の大久保の家はその時は大丈夫であったが、下町の方に甚大な被害があった。夜中に東の方の空が真赤に染まって、明け方までそれが続いた。当時兄は深川に勤労動員されていたので、翌日私がひとりで様子を見に行った。山の手線は動いていたので神田駅まで来てそのホームから東を見ると真っ平で何もないのである。そこから歩いて隅田川の向うまでともかくたどりつくと兄は無事であった。

その時焼け跡のかなりの距離を歩いて死体を見たはずであるが、どう歩いたかなどほとんど記憶がなく、なぜかそのあとの時の事の方が強い印象を残した。

そのすぐ後、ことによるともっとあとの事かも知れないが、私は勤労動員のつとめで、大久保通りを歩いて市ヶ谷に行った。その通りは切繪図にも出ていて、南側は谷のようになって人家があったがそこは焼けてしまっていた。北側は戸山小学校の塀であって、その道ばたの塀の南側に焼死体がいくつかあったのである。私はそのそばを何日も続けて通っていたが、その死体はかなり長い間片づけられずにいた。

それから十三年後、イタリアに行き、ポンペイの遺跡を訪れ、そこの展示館で、噴火の際逃げおくれて灰の下になった人の石膏模型を見た。その姿勢に、以前見た焼死体の再現を見るような感じを持ったのである。

四月十三日の空襲で大久保の家は焼けてしまったが、その事は省略して五月二十五日の空襲について書く。

焼夷弾という物は早く土砂をかければ簡単に消えたが、それが屋根を貫ぬいて縁の下で燃え出すのだから、ひとつやふたつならともかく、何十何百と降って来るのを全部消し止められるわけがない。いくつか消したあと、あきらめて逃げる事にした。爆撃機は飛び去っていて焼夷弾はもう落ちて来なかったけれども、家がそこらじゅう燃えている中をどこか安全な所に逃げるのが問題であった。どう逃げたかおぼえていないが、火のない方にない方にと逃げ廻り、最後は陸軍病院の構内に逃げ込んでともかく助かった。

空襲の程度を数字で示しておこう。実は五月二十四日の昼間にもあり、B29五六二機、五月二十五日は夜中に五〇二機が来襲した。一機あたり六トン以上の爆弾・焼夷弾を投下した。資料によって数字が違う。この機数は米国側の記録による。

死者の数も記録されている。最も大きい三月十日のは約八万四千人で、これは長崎原爆の即死者（あとから死んだ人を除いて）の数と比べても小さくないのではないか。それに次ぐのが五月二十五日ので、どう数えたのか公式には死者三六五一人となっている。生易しいものでない事は今日の読者にもわかるであろう。だから感電死ぐらいで驚いているわけにはいかないのであった。

実は私が中学に入った年（一九四二）の四月十八日に米軍艦載機による攻撃があり、これが東京初空襲である。ちょうど土曜日で学校が半日で終り、帰宅の途中午後の事であった。大久保の家の北側のすぐ近くにも何か落され、数軒の家が焼けたからよくおぼえている。しかしその後一九四四年秋までは何もなかった。

項を改める事もないので、ここで原爆投下について私の考えを書こう。例の米国側の

「必要であった」という言い訳についてである。すべての米国論者は広島と長崎と二回あるのをいっしょにして論じているがそれは誤りである。広島に投下してその悲惨さを見た上でなお三日後に長崎に落したのはなぜか。それが正当化できるか。私は、どんな理由でもできないと思う。ということは、何か別の理由があったのであり、そこから類推して、広島投下にも何か言いたくない理由があったと自然に考えられる。だから結論として私はどちらも正当化できないと思う。

東京空襲の戦略的意味もよくわからない。特に三月十日のは、市民を無差別に大量殺戮する意図があったように見える。

空襲の話に戻って、まず女子の服装について注意する。当然和服など着ていられない。しかし誰もズボンなど持っていないからもんぺをはくわけである。上の方は長すぎる、と言って新たに仕立てる布などありはしない。だから下を切って短くするとか何とかしたのである。ある時期には、夜すぐ起きられるように、誰もが着の身着のまま寝ていた。逃げる時は防空頭巾をかぶっていた。元来の目的が何であったかはともかく、それをぬらしてかぶれば、熱風や火の粉を防ぐには役に立った。

当時はどこにも防空壕があった。家庭では自分達で掘って作るわけである。焼けだされた行先でもまた掘る。はじめの頃は警戒警報のサイレンが鳴るとその中に逃げ込む。解除になると這い出すというようにしていたが、焼夷弾に対しては役に立たない。だから逃げ込まずに、焼けては困る必要品や大事な物をその中に入れ、封じて土をかけて身ひとつに持てる物を持ち火を逃げたのである。あとで掘り出すためにスコップは持って逃げたのではなかったか。

壕の中にはある程度まではあらかじめ入れておき、いざとなった時にまた入れるわけである。逃げ帰って来るとその中で寝起きし、いわば穴居生活をしたのである。

だから思わぬ物が焼け残ることもあった。一九八一年の夏頃だったと思うが私は三鷹の母の家にいた。前に書いたアパートから二キロぐらい西である。私はそこに何年か住んでいたから家の中はすみずみまで知っていた。ある日押入の中で何かさがしていたがそれは見つからず、ひとつの箱を見つけた。持ち出して開けて見ると、煎茶器の一組が和紙に包まれて入っている。小ぶりの急須、湯ざまし、茶碗五客で、私には見おぼえがなかった。母に見せるとそれは母が結婚祝にもらった物であった。染付にわずかに赤と金の上絵付がある梅の模様で、この頃では見かけない古風な品のよさがあった。

見つめていると、「好きなら持って行ったら」ということで私の物になったのである。その時母は八十三で、父はその九年前に身まかっていた。ふだん使わない物だから壕に入れておいたのか、それとも結婚祝の品で何か思い出があったのか私にはわからない。しかし今では、それを母が使った回数よりは私が使った回数の方が多いと思われる。

人々の運命は空襲によってさまざまな形でもて遊ばれた。すでに注意したように、空襲に備えての疏開というのがあった。地方に逃げて行くのだが、そこでまた空襲にあった人もある。学童疏開というのもあって、私より下の学年の人の多くは、それで別の種類の苦労をしたはずである。父母と別れたから孤児院の生活をしたともいえる。学童疏開したが、次の年には年齢で言えば学童でなくなったので、東京に帰って来て空襲にあったなどというばかばかしい話もあった。通りの向う側まで焼けたが自分の家は助かったというのはいくらもあって、東京市内で焼け残った所はかなりある。

大久保小学校も余丁町小学校も焼けてしまった。戸山ヶ原が住宅地に接するあたりに戸山小学校があり、それも焼けたがそのプールのそばの脱衣場の建物は焼け残り、そこに教師が一時住んでいた。その類の話はどこにもあり、また戦後の住宅難はかなり長く続いたから、勤め先に住むというのもあった。東京の西郊のある神社の境内に末社があって、その中に人が住んでいた。その前に小さな鳥居もあった。夕方で電灯をつけて食事しているのを見て「おや神様があんな風にしている」と夢を見ているような気がした事がある。戦後四年ぐらいたっていた。

五月二十五日の空襲のあと印象に残った事をひとつ書く。樹木などは葉はもえてしまって、黒焦げの幹と枝が少し残るのであるが、ほんの数日のうちに、その黒焦げの幹にオレンジ色の茸がびっしりと生えたのである。火事の焼跡などではその季節には普通の現象なのかも知れないが、何とも異様な風景であった。

空襲その物については大体その様子を書いた。今度はその頃私がどんな気分で暮していたかを書いてみよう。

私のうちではたかをくくっていた、というか適当な疎開先もなかったので、まごまごしていて二度も焼け出された。その間私は勤労動員でいろいろな事をやった。四月十三日の空襲のすぐあとの頃は空襲で焼かれた都電の電信柱を建て直したり架線を張り直す仕事をしていた。本職の工夫がいてそれを手伝うのである。都電の十三番線で、だからその頃も私の生活範囲は切繪図の中に閉じこめられていたわけである。

ある日西向天神の前あたりで働いて昼飯のあと、天神の境内で時間をつぶしていた。ところが工夫達がいつまでたっても来ない。そこにいた私達中学生は四人一組であったが、待ちくたびれて帰ってしまうことにした。その中のふたりは新宿の方に向かい、私はもうひとり、その前年からかなり親しくつき合っていた同級生と、電車通りを若松町の停留所まで歩いて行った。ふたり共当時その近くに住んでいたのである。午後二時頃で、さてどうしようかという事になったが、彼が映画を見ようと言う。そんな時節の平日のそんな時間に映画をやっているのかと疑わしかったが、彼について早稲田の方に坂を下りて行くと、ちゃんと映画館があったのである。

切符を買って中に入ると観客は私達のほかには三人ばかり、これからはじまるところであった。人数がそろったと思ったのかレコードをかけた。それは

湯島通れば思い出す、お蔦主税（ちから）の心意気
知るや白梅玉垣に、残るふたりの影法師

というので、題は「湯島の白梅」とでも言ったのではないか。その歌はどこかで聞きおぼえていてはじめてではなかった。私はそれを聞いて「いったい今頃こんな惰弱な歌をやっていて大丈夫なのか」と不安になった。実際内務省や軍部は何でもうるさく統制干渉していたからである。「アドバルーン」とか「小田急で逃げる」歌などはとうの昔に御法度になっていた。しかし、勤労動員の仕事を逃げ出して来た者がそんな事を考えていたのは滑稽である。

映画は「ロッパの突貫駅長」というともかく戦時協力のどたばた喜劇で中村メイ子が子役で出ていたと思う。その内容はすっかり忘れたが「湯島の白梅」の方は、虚構の世界へのノスタルジアとも言うべき歌詞と旋律には、当時のどこにも持って行き所のない心持に妙にしみいるようなところがあった。思いがけずにそんな映画館で聞いたという記憶と共に今でも忘れられないのである。

つけ加えると、実は「私の不安」はもっともだった事が後でわかった。だいぶあとになって新聞か何かで読んだある記事によると、当の歌はその三年ぐらい前に作られた。当時

の規則に従って認可を得なければならず、作詞者、作曲者、レコード会社も私と同じ考えで心配していたが、案外すんなり通ったという。

それはともかく、その映画館も五月二十五日の空襲で焼けてしまったろう。何回かの空襲で私の幼年時代の百目柿も渋柿も焼けてしまった。中華料理店の香蘭も焼けてしまったから、そこで食べる望みも遂に果せなくなった。

その焼けてしまう前、二回の空襲にはさまる四十日ばかりの間、映画館の近くのある寺に私達一家が住んでいた。前に書いたように先祖代々の墓のあった寺がつぶれたのでこの寺に墓を移してあって、その縁で一時そこにいたのである。かなり広い寺で部屋数は多かった。住職夫妻とその娘、そのほかに寺男がひとりいたと思う。娘は結婚していたのだが、たぶんまだ三十前であったろう。夫は出征していたのではなかったか。

その娘が私を呼んでピアノをひいて聞かせる事があった。それがショパンとかモツァルトではなく、物うげな調子のアメリカのおそらく一九二〇年代に流行したと思われる旋律であった。どういう曲であるか説明してくれたが私は忘れてしまった。いわば「湯島の白梅」のアメリカ版のような、とにかく戦争中にはふさわしくない曲であった。実際、一九四三年の暮に情報局は約一千の英米の曲目を指定して演奏を禁止していた。どんなつもりでそんな曲を私に聞かせたのか。私が自分の幼年時代をなつかしむように、彼女も数年前の、も少し自由な気分のあった時期の好きな曲をひいて、どうにもならない、そしていつ終るともわからない暗い日々の感情を自らなぐさめていたのであろうか。

娘がそんな曲をひいている一方では、住職の所には陸軍の将校が来て般若心経の講義をしてもらっていた。何晩か続けて来ていて、二人でいっしょに本堂で「……色即是空、空即是色……」などと経を読んでいる声が聞えた。そんな事をしても何にもならない。しかしそうでもしているほかないような時期であったのだ。

お経を読むのはそれだけの話であったが、政府は役に立つように見えてもその実気休めにしかならないことに熱をいれていた。松根油といって、松の根などを乾溜して得る油があり、それをガソリン代りにしようとしたのである。井の頭の池の北側は昔は松林であった。私は五歳ぐらいの時、兄と共に父につれられてその公園に行き、松林を背景にした写真をとってもらったからよくおぼえている。その林も松根油を採取するために文字通り根こそぎ取り払われてなくなってしまった。それ程のことまでして何とかしよう、いや何とかなると考えていたのであろう。

戦争がもうとても望みがないと思うようになったのは、その前年一九四四年の秋から暮にかけてであって、少なくとも私にとっては、一九四五年春の頃にはそれを通り越してしまって、もうどうしようもない、ただその日その日を過して行くほかはないという気分であった。歌にあるように「世の行く末をつくづくとしの」んでもどうにもならないし、先の見通しがつくわけでもない。ともかく私には若さと、あとで書くような知識欲があって、いつかその知識欲をみたしてくれる日が来ると本能的に信じていた。そういう日がいつ来るか、またどんな形で来るかはわからなかったのであるが。

八　死について

大久保通りで見た焼死体は、私もそうなる可能性があると思い知らせたのであって、実際そうなる確率は小さくはなかった。死に対する恐怖があったわけではない。ここで時間を少しあと戻りして私と死とのかかわり合いについて書こう。と言うのもいささか大げさであるが。

私の祖父錦太郎がなくなったのは一九三四（昭和九）年、その時棺の中の顔を見せられたおぼえがあり、それが私が死者を見た最初である。学校の先生は「人間は誰でも必ず死ぬ」と私達生徒に言い聞かせていたが、なぜ、またいつ、どの人がそう言ったかは記憶にない。家に飼っていた三毛猫が死んだ時、九歳ぐらいだった私が涙を流しているのを見て姉達はおかしいと言った。

小学校三年か四年の時扁桃腺炎で高い熱を出して一週間ばかり寝ていた。もちろん死ぬなどとは思わなかったが、ちょうど新緑の美しい頃で、寝ている所から窓の外の樹の葉が風にそよいでいるのが見える。そして熱でぼんやりした頭で、自分が死ぬ時もこんな新緑の頃であろうかなどと感傷的なことを考えていた。その年頃の少年のこの種の感傷性はおそらくよくあることだろう。

しかし小学五年生の頃のある経験はそのように普遍性のあるものかどうか、ともかく書いてみる。

ある日家にひとりだけでいた時、どういうわけでそうしたのかわからないが、自分が死ぬという事について考えていた。すると、自分が死ぬという事は、それで全部おしまいというのではなく、いなくなるのは自分だけで、その後も、この全世界は存在し続けるのだという事に気がついたのである。自分が死んだその次の日にも青い空があり、家の外の通りも同じようにあって皆が同じように暮している。自分がいないだけである。つまり自分がいない世界があるのだという事をはっきり認識したのである。

自分が生れる前だってそうだったのだから、それにやっと気がついたのは実にうかつな話であるが、「なるほど、死ぬというのはそういう事か」とその時やっとわかったのであった。そうしてぼんやり自分の死後の、自分のいない世界の事を想像していると、どういうわけか次第に恍惚感が生じて来た。しばらくしてそれからさめて、それだけの事であった。

数日後またひとりでいて同じように考えていると、再びその恍惚感が生じた。今となってはその恍惚感がどんな物であったかを説明することはできない。実際、そのまた数日後にその恍惚感を得ようと試みてみると、今度は何と頭が痛くなって不快感を催したのである。その後はいっさいその実験を試みたことはなく、また今ここで書くまではこの事を誰にも話したことはない。

恍惚感はどうでもよいが、自分の死というものについてはそれで片がついてしまって、私はいわば十歳の時その程度には悟りを開いてしまったとも言える。

これは私だけの事で、ほかの人に及ぼすことはできない。悟りという言葉も不適当であろうが、仮にその言葉を使っただけのことである。諦観と言うのも大げさで当らないだろうし、またこの事についてこれ以上書く必要もなかろう。

ずっと後になって自分の仕事を持つと「今死にたくない」と思った事はある。数学は非常に間違い易いものである。たとえば論文にして発表しようと原稿を作っているとする。その途中で間違っていることを発見して、直すのに手間がかかりそうな時に「今ここで死ぬのはいやだな」と思うのである。「この仕事を終るまで死にたくない」とは思わない。いずれにせよ死に直面しているわけではないから、単なる気分の話である。

私は宗教に関心があり、宗教書もいろいろ読んだが、それはいつでも「いったいどんな事を言っているのか調べてみよう」という態度で、自分の身を信仰に委ねようなどという気は始めからなく、また生じもしなかった。

このほかに私は、人間は自分の意志で生きているなどと言うのは不遜きわまる考えで、むしろ「生きる事を強いられている」あるいは、「生きざるを得ないようになっているから生きているのだ」という感じがある。いつからそう思うようになったのか、十歳の時ではなくだいぶ後の事だが年とってからではない。

私の級友達の中には結核で夭折した者もいる。私は幸にして結核にもならなかった。その上あの戦争の時期をとにかく運よく生きのびたという意識があるから、自分を大切にしなければいけないという感じはある。それと同時に、今生きていられるのはそれだけでもうけ物なんだから有難く思っていればよいので、それ以上望む必要はないという感じもある。

生死とは関係ないがひとつ付け加える。戦後三十年たった頃でも夕食の膳に向うと、「ああ、あの頃これだけの物があったらなあ、それにくらべて……」と夫婦でよく言いかわしたものである。さすがにこの頃はそれもなくなったが。これは似たような経験をした人でないとわからないだろう。

九　いかに学んだか

前に知識欲という言葉を使った。これは知的好奇心と言いかえてもよい。ここで戦争中に私が何を学んでいたかを書こう。

一九四四年の秋、私達中学三年生は勤労動員で工場で働かされるようになり、学校には行かなくなった。その後その工場が疎開して私達の仕事はいろいろ変ったが、とにかく学校で教わることは戦争が終るまではいっさいなかった。ところがそれが私達の向学心に拍車をかけた。誰もが自分で何かを学ぶべきであると思っていた。

私は英文法や物理の本なども読んだが、やはり数学が中心であった。何故数学なのか。私はそれが好きであった。そこには何かもっと学ぶべきすばらしいものがあって、その上他の学科よりははるかにそうであるように思われた。また数学は創造の学であって祖述の学でないことを私は直観的に理解していて、それが私に向いているとも思ったのである。そして自分にその才能があるかどうかなども気にしなかった。ともあれその時から旧制高校を卒業するまでの、私の年齢で言えば十四歳から十九歳までの四年半ぐらいは、私の数学の知識の根幹となる部分が形づくられた時期である。

指導者がいたわけでもなく、よい教科書も手に入れにくかったので無駄が多かった。勤労動員は安いながらも給金をくれたから、その金で本を買うことはできたが、その買う本がないのである。ついでに書いておくと、安い給金で働かせた工場主達は大いにもうけていたのである。昼飯は出たが、それもひどい物であった。

しかし一九四四年の暮か、その翌年のはじめに、ごく初等的な微積分の教科書を手に入れた。おそらく工科などの応用のために書き下ろされた新刊書で、厳密さはなく直観的なやり方で説明されていて、それがたいへんよかった。著者は当時名を知られた数学者であって、いいかげんではなかった。この本で私は微積分の基本定理とか、三角関数の無限級数展開を学んだ。後者は、展開できるとすれば、その級数はこの通り、という論法で、入門にはそれで一向さしつかえないと私は思う。

ところがこの本をある同級生に貸した所、空襲で焼かれてしまった。その時私は「何だこの馬鹿野郎、そういう大事な物を持って逃げないとは何事だ」と思ったが、そう言って叱りつけるわけにもいかなかった。私にとってはそれ程の貴重品だったのに、それをうっかりその程度の人間に貸した私の不覚であった。

それでも何とかいろいろ手に入れた。どうして手に入れたか忘れたが、始めの半分は和文で、途中から突然英文になるというような変なのもあったが役には立った。戦後には焼け残った紙型を利用したと思われる昔の本の再版が何種も出た。しかしその中には著者、訳者の意識の低さを反映するような、出版の意味のない物も多かった。つまり、前に書いたように、彼等が昔大切だと思っていたが時代が進んでいたために不必要になったことがわからなかったのである。高等学校に入ったのは戦後であるが、その頃からはまともな教科書もだんだん手に入るようになった。それ以来私の数学の知識は、ほとんどすべて自分で読んだ本から学んだか、または自分で構成したものであって、学校の講義で学んだ事は皆無ではないが非常に少ない。私のその時期の知的生活はまがりなりにも充実していて、後の大学時代の三年間よりははるかに心持が張りつめていたであろう。

一九四五年八月十五日、戦争は終った。「敗けた」というのが正しいのであろうが、そうだとしても「やはり敗けたか」あるいは「敗けなければ終りようがなかった」のである。終りと言えばその年の暑い暑い夏も終ろうとしていた。しかし街の中では「夏の終り」という言葉から感じられる詩的な情緒などない、殺風景な焼跡の夏の終りであった。それでも郊外では戦争の傷跡も目に立たず違った気分があった。その頃私は三鷹のアパートに住んでいて、そのあたりでは、かぼちゃ、さつまいも、とうもろこしの実る季節であった。日数がたって秋を思わせる風が吹く頃、午後の明るい日ざしを浴びて畠の中を歩いていると、つくづくと戦争が終ったのだという開放感があった。

同じ頃に普通の時であったら当り前で何でもない事柄がその時には強い印象を残したの

をおぼえている。ある休日にそのアパートの部屋にいると、表通りで子供達が遊んでいる声がする。よくある遊戯の歌を唄ったり、何か子供らしい会話のやり取りをしている。それが「ああ、あんな声が聞えるようになったのだ。随分久しくあんな声を聞かなかったなあ」とじーんと胸にせまって涙ぐむような気持にさせられたのであった。ともかく時代の雰囲気がすっかり変ったことをその時強く感じたのである。そしてこれからだんだんよくなるだろうという希望もあった。

しかしそれで人々の暮しがすぐ楽になったわけではない。空襲におびやかされる事なく安眠できるようになったのは大きな変化であったが。二年後の一九四七年の九月、まだ空襲の記憶も消えていず、住宅事情も悪かった頃、利根川が栗橋で決潰して洪水が多摩川まで及んだ。東京都の西部のかなりの部分がその影響を受けて、だからせっかく火難を逃れても水難のうき目にあった人も多かったのである。食糧事情は戦後すぐの頃はひどく悪くはなかったが、その年の暮から翌年にかけてが最低で、私達は文字通り飢えていた。その後もずっと三年近く、それ程ではないが似たような状態が続いた。日本史上最高のインフレの時期でもあった。戦争中に買わされた国債など無価値になって、闇商人がはばをきかせる時代であった。

それは別として私は勤労動員で働かされる事もなく、また中学四年生の学校生活に戻ったし、自分の好きなように学ぶ事ができた。一時立川に住んでいて、そこの古本屋でワシントン・アーヴィングの『スケッチ・ブック』を見つけた。装幀もしっかりしていて値段も手頃だった。店の主人の所にもって行くと驚いたような顔で「いい本を見つけましたねえ」と言った。その頃は英語の本の需要がふえて来ていたからである。しかしまだインフレはそれ程でもなかった。

ところがどういうわけか私はその本をなくしてしまった。その中の「リップ・ヴァン・ウィンクル」は読んだおぼえがあるがほかのはおぼえていない。今見直してみると、その本全部が当時の私の英語力ですらすら読めたとはとても思えない。ことによると、ほかの作者の作品も入れた短篇小説集であったかも知れない。私はその時から何回も住む所を変えて、また所有物を整理したりした。戦中戦後の五年間ぐらいの間に使った数学の参考書などの大部分はすべて処分したから、『スケッチ・ブック』もその中に入ってしまったのだろう。誰かにやった可能性もある。今考えると記念に取っておけばよかったと惜しまれるのである。

十　邪念と憍慢

ともかく私は文字通り向学心に燃えていて、先には何か面白い事があるように思っていた。それまで自分の知らなかった事、わからなかった事がわかって来るだろうとそれが楽しみであった。それは私だけの事ではなかったろう。特に旧制の第一高等学校（以下一高と略称）に入った時にそう思っていたのである。

戦争中に陸軍幼年学校、士官学校、海軍兵学校などに入っていた者も受験者の中に数多くいて、そういう軍隊教育を受けて来た者を大勢合格させてよいかという議論があった。それがどう片がついたか私は知らない。しかし、その片をつけるために時間がかかり、私達が入学したのは四月ではなくだいぶおくれた。

一高は昔からそうであったようにその頃も全寮制であった。まだ食料事情も悪く、配給制も続いていた。入ってからしばらくして困難が生じて全員が一時家に帰された事がある。その時、進駐アメリカ軍放出のバタをもらった。五キロ近い缶が二人に一個の割当てで、それを苦労して二つに切ったその半分を家に持ち帰り何とかして消費したのである。酒の配給もあった。たぶん私が二年生か三年生で十七歳か十八歳の時だったろう。全校で言うと二十歳以上の者の方が多かったから、年齢におかまいなく、ひとり一合ずつもらった。私は特にほしくはなかったが、くれると言うからもらってやろうぐらいの気であった。容器が必要で、私は弁当箱を持って行った。それに一合ついでもらったのはよかったが、自分の部屋まで持って行くのが面倒だったし、また持って帰っても始末に困るので、その場で一息に飲んでしまった。何ともなく、よほど弱い酒だったのだろう。級友の中には常習的に酒を飲んでいる者もいた。私は酒はその頃はもちろん飲んでいなかったし、飲みたいとも思わなかった。ただ自分が酒に弱くない事は知っていた。

少し横道にそれて酒について書くと、正月元日はお屠蘇を飲んだから、大げさに言えば、元日の式の勅語奉読や君が代斉唱はほろ酔いきげんでやっていた事になる。

さて一高入学の日にひとつ印象に残った事があった。それは校長の天野貞祐がした話である。

「諸君は大勢の中から選ばれた者であるから、大いに自信を持ってよろしい」というので、それしかおぼえていない。私はどうせ「選ばれて入ったからといって落ちた者でも君達と同じぐらいなのだからうぬぼれてはいけない」という類のお説教を聞かされると思っていたので、意外であり、この校長は話せると思った。その後この人について後に書かれた文章をいろいろ読んだが、私の印象と矛盾するものはなかった。この人は学者であるよりは教育者であった。

これは一種の「おだて」であった。人を適当におだてるのは大切な事だと思うので、それについて思いつく事を少し書いてみよう。

『正法眼蔵随聞記』の巻五に道元が比叡山にのぼって天台宗の教義を学んでいた時の事が記してある。それを一部省略して大体の根幹を書くと次の如くである。

「自分（道元）は叡山を下りて建仁寺に来たのであるが、（その叡山時代に）正しい事を教えてくれる師匠に出会えなかったので迷って邪念をおこした。叡山で教えた人達は、まず学問の先達と同じぐらいの立派な人となって、世間にあまねく名声がとどろくようになれと教訓した。それで我が国の大師と呼ばれた人と同程度の人になろうと思って、中国の書『高僧伝』『続高僧伝』を読んだところ、どうも師匠達の教えとは違っていて、自分のこれまでの考えは避けなければならない考えであった。かりに名声を言うにしても現代の程度の低い人にほめられるよりも、古往今来の最高の水準の人々と我が身をくらべて、そこに達しようと努力すべきである。その道理がわかってからは、我が国の大師と呼ばれた人達は、土瓦のように思われて、今までの自分の考え方や態度をすっかり改めてしまった。」

これは道元の数え年十三歳からあと数年間の事を彼が三十六歳ぐらいの時に思い出して語っているのであって、あとでの考え方がまじっている点にまず注意する必要がある。ここで言われている大師達は最澄、円仁、円珍、空海などを指す。道元は彼等の説いた天台宗・真言宗の教義は間違っているという、彼の三十代での意識があって、それが含まれていると思われる。だから、必ずしもすべて彼が十代の時に考えた事になっているとは言い切れない。

その点は私がこれから問題にする彼の「邪念」とは無関係だから、さしあたり無視してよい。これは道元の師匠達が彼をおだてて「しっかり学問して、いずれ大師号を受けるぐらい世間に名の知られる人になりなさい」と言ったのを記録しているのである。そして彼はそのおだてに乗って邪念を起したが、幸に道理がわかって、もっと高い所に目を向けるようになったと言っているのである。

だから人をおだてるにも正しくおだてなくてはならぬ。自分が自分をおだてるにもそうでなくてはならぬというわけである。原文の一部を引くと、「名聞を思ふとも当代下劣の人によしと思はれんよりも」とあって「当代下劣の人」は痛烈である。

私よりはだいぶ若い世代の人が苦情を私に言う事がある。「自分より劣る人が学会の講演者に択ばれて、自分は択ばれなかった」とか、「あの連中は党派を作って自分のようにその外にいる人の論文の発表をじゃまする」とかである。

そんな事はどこにもある。ノーベル賞を含むあらゆる賞は当代下劣の人達がよしと思って択んでいると言ってもそれ程間違いではなかろう。だからその種の不公平を気にするのは無駄である。

しかしこれとは違うが、世の中にはおためごかしを言って人をあやつったり人を利用したり、偽善的な事を言って人を押しのけようとする精神下劣の人がいるから気をつけなければならない。英語にはその種の表現がかなりある。exploit, manipulate, use, push around, bully 等。だから人の言いなりにならずに自分の正しい言い分を通す事は重要である。バーネットの『小公子』(一八八六)の若松賤子訳に面白い文章があるからそれを引こう。

「おめえも運のまはり合せがわりくなつて気の毒だ。なんでもしつかりふんばつてゐねい。人にいいかげんのことされちやいけねい。よッぽどふんどしい堅く〆めてゐねいとどろばう根性のものにいゝやうにされるぞ。かういふのもおめえがこつちの居るじぶん恩になつたことを忘れねいからだ。」

これは靴みがきヂックが少年セドリックに言うせりふである。

道元からだいぶそれてしまったが、さて私自身はどうか。私は道元の言う邪念を起こした事はない。それははっきり言える。今に大学者になって名を天下にとどろかせようなどとは、その十分の一も思った事はない。そうおだてる人もいなかった。

その点をも少し説明するために大学に入学した時の事を書こう。三年制の旧制高校から三年制の旧制大学に入ったのであり、筆記試験があって合格発表があった。私が掲示板を見に行くと、同じ中学・高校をへて大学を同時に受けて農科に入った友人がそこにいて私に言うのである。「おめでとう、しかし君はいったい数学科なんかに入ってどうするつもりなんだ。」思いもかけぬ質問に私が返事に困っていると、「わかった。今に大学教授になろうというんだろう。」それにも返事をせず、当人の合格を祝し、共通の友人の合格者の話にしてしまった。ただ心の中ではこう思っていた。「何を言うか。大学教授もクソもあるもんか。」

私は自分の知識欲をみたすために、そして何か数学で出来ることがあると思ったから数学科に入ったのであって、自分の職業の設計をしたからではない。そんな事は何とかなると思っていた。その男の言う通り、大学教授になってしまったけれど、そうなろうとしたのでなく、成り行き上自然にそうなったのである。私を引き立ててくれた人々はいて、その人達のおかげで、というよりその人達のせいでこんな身分になってしまった。無責任な言い方だがその通りなのである。

道元についてもうひとつ我が身と引きくらべたくなる事があるのでそれを書く。

道元は日本にいては正法を学べないと思ったので、宋に渡って彼の地の名僧と言われる人々に会って語り合ったが、彼に満足できる人がなかなか見つけられなかった。二年後に師とすべき人に出会うが、その前、「日本・大唐には自分よりすぐれた大善知識はいない」という大憍慢の心を起し帰朝の念が生じた。これは彼の古い伝記のひとつの写本にあって、他の流布本にはない（竹内道雄『道元』一二七頁）。宗祖が大憍慢の心を起したのでは困るので後世の者がかくしたと思われる。だからこそ、これは道元が正直に自分の弟子達に語った言葉を記録しているのであって、その真実味がある。

私はそういう大憍慢の心も小憍慢の心も起したことはない。ただひとつ似たような考えを持った事がある。一九六二年に米国に二度目に来てそれから二年ばかりの間に各地で大勢の数学者に会った。すると秀才はいるが、大した事を考えているようでもなく、志が低いと思われたのである。その例を書いてみよう。

私がおぼれかけたウッズ・ホールの一九六四年の学会でそれまで誰も考えていなかった重要な公式が成り立つであろうと私がアティヤーとボットのふたりに話した。彼等にはそれは初耳であって結局その易しい場合を証明して発表したが、私に教わったことをかくそうと彼等は大いに努力したのである。その前年に私はM・I・Tで講演をした。私はテイトとパリで知り合っていたが、彼はその時ハーヴァードにいて、私の講演の次の日に私を彼のオフィスに呼んでいろいろ質問したのである。そこで私は自分の知っている事や、こんな風な結果が出るだろうという考えを話した。彼はノートをとっていたが、私は彼には何も質問しなかった。そのしばらくあと、彼の弟子のひとりがその問題について博士論文を書き、発表した。その中でテイトには感謝していたが、実はテイトが私に教わった事は注意されていなかった。

もうひとつ書くと、同じ頃どこかのパーティーでアールフォースと会って親しく話した。

ところが会話の始めに、「私は多変数函数論については何も知らない」と宣言したのである。なぜそんな事を言ったのかは推測できるが、奇妙に感じたのは確かである。このようないろいろの経験をすると、彼等をあまり尊敬できず、当代下劣の連中と思ったわけでもないが、少なくとも私の分野では、こちらが学ぶ事はないだろうと思われ、それはその通りであった。私はその種の事はかなり冷静に判断するし、自分が一番えらいと思ってもいないのだからこれは憍慢ではない。

私は邪念も憍慢の心も起さなかったが、だから私の方が道元よりえらいと言っているのではない。単に事実としてそうであったからそう記しているので、それは読者にも理解できるであろう。実際、「随聞記」から読み取られる彼は、三十五、六という年齢でよくそんなに物がわかっていたのかと、私自身のその年齢の頃を思うと驚くのである。

もうひとつ邪念とは関係なくつけ加えてよい事がある。まず言い古されたジョークを書く。ある人がエジプトの何千年もの昔のパピルスの文書を苦心して解読した。すると、「近頃の若い者はなっとらん」と書いてあったというのである。つまり何千年もの間生れ変り死に変り、「近頃の若い者は」と言い続けて来たということになる。

しかしこれは全くの作り話ではない。エジプトの長い歴史には宗教の変遷があって、多神教が一神教になったり、それがまた多神教に戻ったりした。だから、ある神官が自分の観点から宗教の堕落を嘆いた記録が実際にあり、それをジョークにしたのだという。だから、「近頃の若い者は」でなく、「近頃の年寄りはなっとらん」であった可能性がある。

道元の言ったのはまさに「近頃の年寄りは」であった。私は邪念は起さなかったが、「近頃の年寄りは」とは思っていた。それは私ばかりでなく、私の世代の多くの人がそう思っていた。またそうでなくては世の中の進歩はない。

ここでまた高校に入った時に戻って、「近頃の年寄りは」の一例とも言える話を書く。それは年寄りとは無関係な、「何が数学で重要か」という問題でもある。

高校の一年の数学はたぶん二課目あったと思うが、おぼえているのは岡田さん（岡田章）の教えた方である。ここでひとつ注意すると、高校では生徒の間で岡田先生という言い方はせず岡田さんと呼んでいて、それはほかの人でも、また大学でもそうであったから、以下すべてその呼び方で書く。

はじめに集合の演算の説明があった。これは珍しくない。一高には当時メンゲというあだなの先生がいた。おそらく微積分の講義の始めに集合を説明して、集合のドイツ語メンゲを使ったからだと思われる。さて岡田さんは集合の説明のあとの肝心の所は二次元ユークリッド幾何学を公理系からはじめて展開したのである。当時彌永さん（彌永昌吉）がその公理系を自己流に作って東京大学で講義していた。それを岡田さんが聴講して私達に教えたのである。岡田さんは彌永さんをたいへん尊敬していた。

これはおそらく旧式の解析幾何を教えるよりはよかったと思うが、問題点が三つあり、それはつまらぬ事ではないから詳しく書く。

一、そういう公理系を教える意味。

二、教えるか教えないかは別として、そういう公理系の数学的意義。

三、岡田さんがその数学を完全に消化して自分の物にしてはいなかった事。

最後の点が一番簡単である。どうしてそう思うかと言うと、一学期の終りの試験の設問がどうもおかしく思われ、岡田さんは公理系という物を十分理解していなかったのではないか。彼は「思い込む」型の人で、わかったと思っていたのであろう。熱心で異色の人ではあったが。

第一と第二は互に関連している。簡単に言うと、ヒルベルトが一八九九年に発表した「幾何学基礎論」という理論があり、これはそれまで曖昧で不備であった三次元のユークリッド幾何学の公理系を完全なものにして、すべてその公理系から理論が展開され得ることを彼が示したのである。当時は評判になり、たしかポアンカレも賛辞を呈していたのではなかったか。彌永さんは、これを非常に重要なものとしていて、数学とはそういう理論を作ることであると信じていた。

このヒルベルトの理論は、歴史的に見れば一度は誰かがやっておいてよかった事とは言える。しかしその弱点は、いくら理論を作っても、三次元ユークリッド空間の幾何学は、すでにそこにあって誰でも知っていて、何も新しいことが出て来ないという事である。わかったのは、公理系をうまく作ればそれから導かれるというだけの話である。極端な事を言えば、この理論がなくても、今日の数学者の誰も困らないであろう。現在、学校のその段階では線型代数学を教えているが、そこにこのヒルベルトの公理系を持ち込む人はいない。

ところがヒルベルトという名がつくと、数学はそういうもので、それを教えなければならないという考えが生じて、彌永さんはその通りにして、それを岡田さんがまねして私達に押しつけたのである。これはいささか酷な言い方であるが、ともあれ私はそういう公理系に興味を持った事は一度もない。それは私だけの事ではない。

なぜこの話を書いたかというと似たような事はいくらもあるからである。たとえば、ある数学の対象物甲がある。それはある性質を持っている。逆にその性質を持つ物は甲だけであろうと推測されるとする。ここで、はじめの「甲がその性質を持つ」という部分は容易であるが「その性質を持つ物は甲だけである」という逆の部分を証明することは多くの場合非常に難しい。そうすると、それを証明する事が重要であると思われて、数学とはそういう難しい問題を解くことであるという考えが生ずる。私は、この考え方は完全に間違っていると思う。数学とはそんなものではない。

いろいろの場合がある。甲にあたる物がただひとつでなく、甲がある対象物の一族という場合は大分違う。そうでなく、甲がただひとつという場合には、「甲だけである」事がわかっても、何か面白い応用でもあればともかく、それがなければ大した事ではない。つまりヒルベルトの公理系の時と同様、何も新しい物が出て来ないからである。いずれにせよ「難しい数学がよい数学だ」というのは誤りである。難しくなるのは、やむを得ずそうなるのである。だからある新しい結果を誰かが出した時に、その価値はその事実のみにあって、その証明が易しいか難しいかは無関係である。ところが、「それは易しいから大した事ではない」という人がいる。ふしぎなようだが大勢いる。

ヒルベルトに戻ると、彼はもっと面白い、重要な事もやった。しかし彼はあらゆる数学に通じていたわけではない。たとえば二次形式の理論などは全く理解していなかった。彼は自分より二歳若いミンコフスキーの仕事を認めたがらなかった。それとは別に彼は幾何学については趣味も悪く、程度も低く、人の目をつまらない方向に向けさせるという意味で反動的であった。

すでに球面三角法の所で述べたように（六章）非ユークリッド幾何学があり、その昔から知られている低次元の場合はヒルベルトは知っていたが、その延長上にある対称空間には何の興味をも示さなかった。もちろん対称空間の理論がカルタンによって展開されるのは一九二〇年代からである。しかしその特別な場合はすでにクラインのエルランゲン・プログラム（一八七二、一八九三）にあり、カルタンはそれを発展させたとも見られる。だからヒルベルトは「近頃の年寄り」にされてもよかった。もっとも彼が「問題」を発表したのは四十歳未満の時だから、大した年寄りではなかったが。彼はミンコフスキーやクラインの名を口にしたくなかったのであろうが、それは狭い料簡である。

あとで上記の公理系に似た話をもうひとつ書くが、ここではしばらく数学を離れて私の学んだ語学の話をしよう。

私は第一高等学校では理甲で英語のほかにドイツ語を習った。ドイツ語の先生は氷上さん、竹山さん（氷上英広、竹山道雄）でどちらもよい先生であった。氷上さんのは二時間のクラスで間に休みがあった。出席を取っていて、私はある級友の代返を頼まれて、そのように返事をした。その級友は一時間目は欠席したが二時間目には出席した。二時間目に氷上さんがその者の名を呼んで読ませるか何かさせるために、つまり「あてた」ところ、前に返事した私ではなくて、後の方から別の人物が出て来たので、私を指して「君ではないのですか」と言って変な顔をしていた。事情を察したか、それとも先生を混乱させるいたずらをしたと思ったのではないか。

竹山さんの「ビルマの竪琴」はその頃すでに発表されていたが、私はそれを読みそびれてしまった。今でも読むとかえって失望するのではないか、だから読まない方がよいのではないか、という気分がある。ずっと後、一九九〇年に私がプリンストンの病院で手術を受けた時、麻酔医がその小説の英訳を読んで感動したと話した。その著者は私の高校のドイツ語の先生だと言うとひどく感心していた。

ドイツ語を二個月ばかり学んで、数学の専門書ぐらいは読めるようになった。数学の本は文法を知っていれば、使う単語は大体きまっているからすぐ読めるので、私だけの話ではない。フランス語は初歩を自分で学び、大学一年の時アテネ・フランセに短期間通った。それで数学の本が読めるようになったのでやめてしまった。しかし、フランスに行く前にそれでは不十分だったので日仏学院に通った。その時の事はあとで書く。

もうひとつロシア語を教わった。ホグベンの本の訳者のひとり山崎さん（山崎三郎）はロシア語に通じていた。彼が東大教養学部で教えていた時、ロシア語はドイツ語を知っている者には易しいから、と言って、同じくそこで教えていた私達若手数人を集めた。昼食時三十分ぐらい、ロシア語の線型代数学の教科書をいきなり始めから読むのである。文法は必要に応じて説明する。それだけでは不十分なので、入門書を買って読んだ。十回もやらなかったと思う。山崎さんの教え方が上手だったのだろうが、短期間で数学の論文ぐらいは辞書があれば読めるようになった。

その時から三年ぐらい後のこと、プリンストン高級研究所にいた時、ヴェイユがあるロシア語の短い論文を見つけて、「これは面白いから英訳を作って皆に見せたらよい」と言う。彼は母か祖母がロシア系で、ロシア語は話せた。だから自分で訳せばよいのに、私に「訳せるか」と押しつけたのである。そのように人にやらせるのが彼のやり方であって、たまたまそこにいたのが私の運のつきであった。とにかく引き受けて英訳を作り、タイプしてもらってコピーをくばった。ほかにもできる人がいただろうにと、今考えて妙な気になる。その後ロシア語はほとんど忘れてしまった。しかし、アメリカでロシアから来てドイツ語の読めない学生を指導した時に似たような方法で、むりやりにドイツ語の論文を読ませたことがあり、そんなやり方もあるという意味で書いておく。

だいぶ先に進んでしまったが、高校時代に戻ると、当時の高校生はその前の時代の傾向を受けついで、あるきまった人生修養書を読む習慣があった。阿部次郎、河合栄治郎、倉田百三などが代表的であったがもちろんそれに限らない。ヘルマン・ヘッセやサルトルなども大いにはやっていた。アランを読んでいる者もいた。前に書いたアメリカ育ちの級友はジャン・クリストフに傾倒していた。しかし私にはどうもそういうのが性に合わなかった。言いかえれば、修養したくもなく、教訓されたくもなかった。本を読んだからと言って人格が形成されるわけではなかろう。私はそういうのは信用しないたちである。

ずっと後に政治学者・評論家のM氏と親しくなった。つまらない人ではなかったが、彼はそんな本に読みふけった生意気な旧制高校生がそのままおとなになったような面を多分に持ち合せていて、その上私から見ると隙だらけであった。それはともかく、私は生意気な高校生にはならなかった。

上に挙げた名前の中で河合栄治郎については、ずっと後で彼の日記を読んでみて中々面白い人だと思った。これこそ言行不一致の典型で、また俗情に満ちた生活を正直に書いていた。大学を追われてからの日々を、「愛染かつら」の主題歌「花も嵐も踏み越えて」のレコードを繰り返しかけては聞いて過していたという。戦後にはばをきかせた御都合主義のマルクス主義経済学者達と対決させてみたかった。

では私は何を読んだか。そういう事は書きにくいものである。かつて吉田茂が首相をやめた後、新聞記者にたずねられて「捕物帳を読んでいる」と答えて、「前首相の読物としてはどうも」という反応があった。しかし「ローマ帝国衰亡史を読み返している」などと言うより余程気がきいているではないか。

私の幼少時代の読物をひとつだけ書く。鴻巣盛広という国文学者があって、その人の口語訳の「落窪物語」が家にあった。大人向けの立派な文章の完訳で、色刷のさし絵もついていた。一九一二(大正元)年刊である。私はこれが好きで、のちに原文で何度も読んだ。この物語は日本文学中の一傑作であると思う。しかしこの水準に達した「しゃれた」作品は国文学の中にほかに見当らないのが残念である。いずれにせよ高校生の間で話題にするような書ではなかった。

十一　大学の三年間

大学に入ってこれからよい数学を思いっきり学べると思っていたその期待はすぐ裏切られた。ひとつには高等学校にいた時、かなり読んでいたので、大学の初年級で教えることぐらいはすでに知っていたからつまらなかったということもある。しかし、それよりも何を教えるべきかを教授・助教授達がよく考えていなかったのが問題であった。つまり数学はつねに進歩しているから、その時代で教えるべきことは、昔から教えていたことでも捨てて新しい重要な理論で入れ換えていかなければならないのである。先端的理論を教えろというのではない。初等的な段階でもそうなのである。鶴亀算をやる代りに早く代数を教えた方がよいのたぐいの事は大学でもある、それが理解されていなかった。私の小学校の時の画の先生ほどの意欲もなかった。

ひとつの例として岩澤さん（岩澤健吉）の講義について書こう。のちに岩澤理論と呼ばれる理論で名をなした人である。その四年前にアルチンとウェイプルズが発表した英文の論文があり、それを紹介するのが岩澤さんの講義の主目的であった。

はじめは賦値論の概論で、賦値の定義から出発して、その主要定理を証明する。それから当の論文に入って、一学期全部をそれに費やしたと思う。この前半の部分は、彼が三年後に出版した『代数函数論』のそれに関する小部分に対応し、おそらく自分でそれを整理していたのを講義したのであると思われる。きちんとした講義であって、もちろん数学的には正しかったが、大学の講義としてはいろいろ問題があった。

初心者に対する配慮がなく、実例があるわけでもなく、整数論の入門にはならなかった。彼はいわば自分のために講義していたのであって、学生のためにしてはいなかった。

その点はおくとしても、より大きな問題は、原論文にたいした意味がなく、ある意味でヒルベルトの幾何学基礎論に似ている。その論文の内容は説明しないが、やはり公理系があって、そこから出発するとすでに我々が知っている物しかないということが証明されるのである。

岩澤さんは当時三十二歳、いろいろ模索している時であった。知識の範囲もほかの人に比べて狭くはなかった。深さはなかったが。上記の『代数函数論』にしても当時としてはよくできている入門書であった。しかし彼はまだ自分の物を発見していず、それができたのはずっとあとの事である。

実は岩澤さんは講義するのにもっとよい材料を持っていた。その翌年シカゴでの国際数学者会議で彼が短い論文で発表したヘッケのL函数の新しい取扱い方である。だから、賦値論の説明のあと、アルチンとウェイプルズの主要結果を紹介する代りに、自分のそのアイディアを説明すればよかったのである。いちいち厳密に理論を展開するのは手間がかかるが、いくつかの事実を仮定して有理数体の場合にして考え方を説明することは十分出来たはずであり、また非常に意味があったであろう。ところが悲しいかな、彼はその「論文の結果を学ぶ」ことに興味があって、それよりもっと重要なことがあるとは考えられなかった。

私が言おうとしているのは、彼ほどの人でも「公理系」の観念に毒されていたということである。実際、それから数年後には、いやその時すでに、その論文の価値など、少なくとも私の世代の者は誰もみとめていなかった。アルチンも過去の人であり、私達は彼が新しい方向に進もうとする何の意欲もまた聞くに値する意見も持っていないことを知っていたが、大学の教授達は知らなかった。実際一九五五年に彼が来日した折、私達は彼の冗談話の相手にはなったが、彼から何かを学ぶ気は全くなく、彼を本気で取り巻いていたのは「近頃の年寄り」だけであった。

講義の話に戻ると、すべて意識の点では岩澤さんのより低く、よく言ってまあ昔通りの普通の物であった。私は講義は問題にしていなかったが、単位を取らないと卒業できないのでそれだけはやった。ここでは二例書こう。函数論は辻さん（辻正次）で、悪くはなかったが、やはり昔風であった。毎週演習問題を出して次の週に誰かにあててやらせるのであったが、ある時、私達が時間より十分位前にそろった事があり、手分けして問題の解答を全部黒板に書いてしまったのである。辻さんはやって来て少し驚いたが調べてそれでおしまいになった。それでこの学生達は話が通ずると思ったかどうかわからないが、随分講義の内容がふえて、最後は値分布論を少しやって、それも試験問題の中にあったと思う。

もうひとつは実変数の解析で、ある助教授が測度論の講義をしていて「諸君にはわからないだろうが、もう二十年もすると今私の講義している事を世間でいっせいにやり出すようになる」と言っていた。試験は実直線上のルベグ積分で、「それは私のこの本に書いてある範囲にします」と言ったので、一部二百五十円のその本を買って準備した。彼独特の術語を知る必要もあった。試験は午後早くから時間無制限、といっても限度はあるが、出来たら各自答案を彼のオフィスに持って行くことになった。その一題を「これは君達には難しいだろうからヒントをあげる」と言って黒板にヒントを書いた。それは悪い事ではない。しかし私はそのヒントを使わずに答案を作って持って行くと、それが気にくわないのでやっきとなって間違いを見付けようとしたができなかった。残念そうに「どうもおかしいが、まあかんべんしてやろう」と言ったのである。私はその後すぐその本を古本屋に持って行った。新本同様だったので百三十円で買ってくれた。

この助教授は自分の弟子に数学の伝授の巻物を作ってさずけたそうである。百人一首のかるた取りの名人であるとも聞いた。その程度ならどうと言うことはないが、もっと変な話もあった。私はこの単位と翌年もうひとつ単位をもらってそれで縁が切れた。

　ともあれ私は講義は問題にせず、あとは好きにした。大学の一年の時シュヴァレーのリー群の本を読み、実に多くの事を学んだ。このシュヴァレーの本は数学史上に有意義である点ではヴァイルのどの本よりもすぐれていたというのが私の意見である。これは私として賢明な選択であったが、ほかには無駄もあった。全部まとめて考えると大学の三年間はあまり愉快な時期ではなかった。

　ここまで読んで、「ずいぶんひどい事を書く」と思った読者もあるだろう。数学に限らず、自分の学問についての回想記とか自伝などの中に「何某先生の学恩を受け」とか「何々氏の薫陶のおかげで」といった文章をよく見る。それは単なる儀礼的な言葉ばかりではないであろう。しかし私は高校と大学の数学に関する限りそういうことはいっさい書けない。残念ながら本当にそうだから仕方がない。実はもっとうんざりさせられた講義もあったのだが、これ以上書かない。

　はっきり言って私の世代の方が、意識も高く、また数学全体に対するよりよい展望を持っていただろう。なぜそうなったかの説明も出来るがその必要はなかろう。

　数学とは無関係な、すばらしく良い日も大学の三年間の中にはあったし、またいろいろの面白い経験もした。それぞれ後で書くが、ここではひとつ当時の政治的状況について重要な事があるので、それをここにいれる。

朝鮮戦争が起ったのは一九五〇年六月、私が大学の二年生の時である。当時の日本の社会のこれに対する反応は、今日の歴史概説書では伝えられていない面があると思うのでそれを書く。

三十八度線を突破して侵入した北朝鮮軍はその年の八月中には国連軍を半島の釜山附近の小部分に追いこめ、全半島を占領しかねない勢いであった。その頃私は、その理由は忘れたが、駒場の東大の寮か何かに行く用があった。帝都線（と当時呼んでいた）の東大の前の駅で、高校時代の知人にであった。彼もその時東大の学生であったと思う。朝鮮戦争の話になり、私が「もうすぐ国連軍は追い落とされそうじゃないか」と言うと、彼が「うんそうだ、もう少しのしんぼうで勝利が得られるんだ」と言うではないか。つまり私が憂うべき事として言うのを彼は喜ぶべき事として言っているのである。

私は愕然として、「ああこれではだめだ、話にならない」と思って話題を変えてしまった。今の人にはわからないが、それが学生の多くあるいはいわゆる進歩的評論家の当り前の意見だったのである。統計を取ったらそうでなかったかも知れないが、学生の間の共産党員またはそのシンパの勢力は大きく、その前の年あたりから「もう五年もすれば革命だ」などと言っていた。私はそんな事があるものかと思っていたし、彼等のそう言う動機には不純なものが大いにあることを感じていたが、議論しても無駄なので言うがままにさせておいた。

しかし、共産社会が理想郷であるという信仰はそれよりさらに若い世代も持っていて、一九七五年頃でも北鮮のその意味での優越性を信じている者は大勢いた。その中には現在有名大学の学長になっている者もいる。もうこの頃はやっとわかったようではあるが。また、あれは北朝鮮軍が侵入したのではない、南側が先に攻めたか挑発したのだと思っている「知識人」もかなりいた。一九八五年の「すばる」八月号で小田切秀雄は、「ずっとそう思っていたがやっとそうでないことがわかった」という意味の事を書いている。こんな明白な事実をみとめるのに三十五年かかったというのは驚くべきであるが、その種の連中はほかにもまだいる。

もうひとつ「ソ連信仰」があって、この方がより悪質かも知れない。「米国寄りにならずまたソ連に近よるのでなく、米国とソ連の間にうまくバランスをとってやるべきだ」といういかにももっともらしい議論をする政治学者や評論家が大勢いた。いわゆる「進歩的知識人」である。それは実は反米をごまかして言っていて、彼等は反共よりは反米の方が受けがよいことをよく知っていたのである。だから彼等の世界の中での功利的保身術に基いていたと言ってもよい。

竹山道雄はそれとは違って共産主義諸国を一貫して批判し続けた。彼は共産主義国信仰の欺瞞を極めて論理的かつ実際的に指摘した。それができてまたそうする勇気のある当時ほとんどただひとりの人であった。いつの世の中でも正しい事を言うよりは、世間の受けのよいレトリックを弄する方が安全で、そんな連中がはばをきかせるものである。彼はまた東京裁判の甚だしい不当性と非論理性を言った。今となっては彼がほとんど常に正しかった事は明らかである。ベトナム戦争の時には論理や主義と行動の有効性を区別すればよかったと思うが、それは彼のなしとげた仕事の偉大さを減じるものではない。

彼の著作の中で文学的ではなく政治的な文章に不案内な読者には一九五一（昭和二十六）年に書かれた『門を入らない人々』をまず読むことをすすめる。それから『ベルリンにて』も。ともあれ竹山道雄を今日論ずる人がないことを私は惜しむ。

附記すると、進歩的知識人はふしぎなことに、いかにソ連が数多くの悪事をしたかに目をつぶったのである。

戦争が終った時ソ連は日本軍兵士を多数シベリアに抑留して長い間働かせた。これは労働力を得る目的でかなり前から計画されていた。多数の抑留日本兵士が厳寒の下、飢餓と戦いながら苛酷な労働を強いられたのである。この事を我々は決して忘れてはならない。これは誰が何度言っても言い過ぎることはないと思うのでここに書いた。要するにソ連は信用してはならない国だったのである。

この種の怒りをぶちまけるためにこの書物を書き始めたわけではないが書いているうちにこうなってしまった。私の時代を共に生きて来た人々の多くが私に同感してくれるであろうし、また若い人々がその歴史的事実を新たに認識してくれることを願うのである。

ここでひとつ例の変な助教授の科目について起った奇妙なできごとを書く。私の大学の最後の年のことで、その単位を得るためには彼の与えた主題について何か考えたことを書いて提出することになった。その主題は全く下らなかったが、そのことが問題ではなく、ともかく私は提出して単位を得た。その時私より一年前に大学に入ったGと二年前に入ったKがいて、共にまだ卒業していなかった。ある日Kが私に「今年は自分もGも卒業するつもりだ。自分は何とかするがGが不足している単位は沢山あって困っているから、君もGのためにあの助教授のを何とかしてくれないか」と言うのである。私はもうすでにひとつ書いて出したのだから、その上もうひとつというのはいやだったが、まあ助けてやろうと思って何とかこさえてそれをKに渡した。KとGは「もう五年もすれば革命」と言っていた連中だから私はつき合わないようにしていたが、高校時代から知ってはいた。

さて卒業の日になって行って見るとKの名はあるがGの名はないのである。その時にすぐ気がつくべきであったがその頃の私は人を疑うことを知らない全くのお人好しであったから、「何だか変だな」と思っているだけであった。ところがしばらく後である研究会で会うと、Kは実にばつの悪そうな顔をして私を避けようとした。そして私が出て来そうな席にはまったく出てこなくなったので私はやっとわかったのであった。Kは共産党員であったと思うがたしかでない。彼のしたことは、ほかの党員がして記録に残っている各種の非道な行為ほどではない。しかし私の心の中に自然に形づくられた「彼等はまともな倫理観に欠けている」という意見をこの事件は裏書きしたのである。

政治をはなれて、当時の大学生が何をしていたかというと、山登りがごく普通であった。それはいつの時代でもそうかもしれない。しかし今よりは登山人口は少なかっただろう。朝鮮戦争の始まった年、私は大学の級友二人と北八ツに登ったりした。その翌年、たぶん一九五一年にひとりで山梨県と長野県の境にある金峰山に登った。まず小海線で野辺山まで行き、そこから信州峠という両県の境にある峠を越えて黒森という所にある鉱泉宿に一泊する。そこから金峰山に登り、下りて来て、夜八時頃昇仙峡の行き止りの御岳にある旅館に着いて泊った。その途中で出会ったのは金峰山の頂上で二人連れの一組だけであり、また御岳の旅館でも客は私ひとりであった。最後の日は昇仙峡の渓谷の景勝を眺めながら下って来て、どこかからバスで甲府に着いたのである。昇仙峡の観光客は大勢いた。

二泊三日で、最後の昇仙峡は十分楽しんで帰って来たが、ひとりの山登りというのはやはり危険であった。南アルプス程の深い山ではなかったけれども。これは私の向う見ずの行動の中に入るだろう。それもひとつの経験ではあったが、今後そんな事はやらないようにしようと思った。芝居や講談の言い草を借りれば、「大望ある身」のする事ではない。しかしそれが最後の山登りではなく、コロラドでも自動車でなく歩いて登ったこともある。しかし、ひとりでというのはそれだけであった。

戦中から戦後にかけては、戦争がなかったらしなかったような経験を実に数多くした。

そのいくつかはすでに書いた。ここではそれ程奇妙ではないが、後の時代にはあり得ないようなのをひとつ書こう。

戦後四、五年目ぐらいの時と思うが、兄が私にレコードプレイヤーを作ってくれというのである。どこからその考えを得たのかわからない。私はともかくやってみることにした。まず「子供の科学」とかそんな雑誌か何かで作製法を読んだ。ターンテーブルとピックアップを買って来て配線図に従ってラジオに接続する。ラジオのスピーカーを利用するわけである。真空管の頭の所に銅線をハンダ付けしたのをおぼえている。ハンダ付けはその前に何度もやった事があった。現在自分でオーディオ・システムを作る人はいるが真空管にハンダ付けなどはしないだろう。ターンテーブルは木の菓子箱の上に乗せる。

ともかく出来上った。さてレコードはどうするか。神田に行けば古いレコードを売る店がいくつもあった。前に書いた「アドバルーン」時代以後のレコード会社の数は相当なものでその生産量も大きく、焼け残りのレコードがかなりあった。兄が買って来た物の中には東京帝国大学教授島津久基先生の朗読というのがあった。表側は源氏物語須磨の巻である。

「須磨にはいとど心づくしの秋風に、海はすこし遠けれど……」

終りに源氏の君の歌がある。

「恋ひわびてなくねにまがふ浦波は思ふ方より風の吹くらん」

さて裏側は何か。表が源氏だから裏はきまっている。平家なのである。落語のようだが本当に平家物語の大原御幸の段が入っている。

「かかりしほどに法皇は、文治二年の春の頃、建礼門院おはらの閑居のおんすまひ、ごらんぜまほしうおぼしめされけれども……」

これも終りに後白河法皇の歌がある。

「池水にみぎはの桜散りしきて浪の花こそ盛りなりけれ」

私の作った「電蓄」はともかく使えて、この朗読を何度も聞いたから私達は全部覚えてしまった。久基先生の抑揚もまねることができた。私達は文字通り毎日源氏物語と平家物語を聞いて暮していて、だからここには私のおぼえている通りに書いたのである。源氏も平家もテクストはきまったものがないし、そのどれかを見て書いたのではない。

しかし同じレコードをくり返し掛けていたのは私達だけではない。当時のNHKの持っていた洋楽レコードの範囲は今日とくらべると非常に狭かった。一九五〇年前後を言っているのである。おそらく戦前に入手した盤を使っていて戦後に買い足す余裕がなかったのであろう。たとえばドボルジャックは「新世界」はあったがそのほかに何があったか。プッチーニは「ある晴れた日に」だけ。当時放送していた曲の表を作ってみたら面白い考察ができるだろう。クライスラーの小品のいくつか、ことによると半分以上がその中に入る。音楽学校のような所や個人はもっと所有していたと思われるが。

戦後三年ぐらいたった頃には名曲喫茶という店があちこちに出来た。中央線中野駅の北に少し行ったあたりのはその早い時期のではないかと思う。そこに私は一九四八年頃に行ったおぼえがある。私の家内もそこに何度も高校の先生につれて行ってもらってそのことを感謝しているが、ともかくそれが洋楽を享受する普通の形とされた時代であった。三鷹の駅の南口前にも「第九」というのができて、その名もその時代を示していると言ってよいであろう。

しかしそのこととは別の問題がある。音楽を含めた芸術や文学の欧米の作品の日本側のえらび方である。今日ではかたよりがあまりなく、広く採られているが、四十年ばかり前はそうでなかった。その上、変な日本流の偏向があった。

美術で言えば一九五〇年代にはルオーがはやった。それはだいぶあとまでそうであって、一九六七年に出版された平凡社の世界大百科事典では六十四行を費やして絶賛されている。同じページに作品の黒白写真があり、そのほかに別刷図版が入っている。表は色刷、裏は黒白で、これは特別扱いである。比較としてデュフィを見ると、黒白の画が二点、文章は三十五行で、これがまあ平均である。

ともかくこのルオーの扱い方は異常である。彼の絵が好きな人がいるのは理解できるが、ここまでの熱の入れ方は私には不可解である。ルオーが一九五〇年代にはやったのは欧米でもそうであった。彼が一九五八年に八十七で死んだ時にはフランスの国葬になったという。しかしその頃にはすでにフランスでは熱はさめかけていた。現在世界中どこでもその百科事典のように見る所はないであろう。

文学で言えば、戦後から一九五〇年代にかけてはジィド、サルトル、カミュなどがはやった。あとで書くように、フランスに行けそうになったので、私は一九五六年からその翌年にかけて飯田橋の近くの日仏学院に通ってフランス語を習っていた。自分がえらんで好きに読んだ作品もあるが、大部分は読まされたとも言える。たとえばカミュの『異邦人』を読まされた。ヴェルコールの『海の沈黙』なども読まされた。ある日いきなり書き取りをやらされた。その時何の説明もなかったが、あとでそれはシムノンの『黄色い犬』の冒頭の一節である事に気がついた。彼の初期の作品でずいぶん古いのを択んだものだが、たぶんその神父は何をやるか考えるのが面倒だったので、自分の書棚から取り出してそうしたのだろう。悪い先生ではなかったが生徒を心服させる人格はなかった。

モンテルランの『独身者達』という一九三〇年代の小説がある。独身者がいて、ボタンが取れてもクリップか安全ピンで止めているから鎧を着ているようだという描写があった。南山大学で教えていた女の先生がそれを私に読ませて訳させる。そうすると、「それでよいけれど、その主人公はどうしてそうしているのですか」とたずねるのである。ばかばかしいから黙っていると「いくら読めて訳せても、そういう所がわからなくてはだめですね」と言って説明してくれた。吹き出しそうになるのをじっとこらえた。

その人の実力のなさは生徒の間で評判であった。小林さん（小林正、当時東大助教授）にも教わったが非常によかった。作家の阿部昭が小林さんの発音はフランスの芝居のだという意味の事を書いているがそうではない。正確な発音を生徒に教えるために教室で大きな声ではっきりとすればそうなるだけの事である。

フランス語が得意な数学のある教授がその頃私に何を読んでいるかとたずねた。日仏学院の教科書の他にアナトール・フランスの何かを読んでいたのでそう答えると、「アナトール・フランスもよいだろうがジィドを読みなさい」と言った。

なんでもないように聞えるが、この言葉の背景にはふたつの問題がある。ひとつは当時ジィドが非常にはやっていたという事。だから「セザンヌもよいだろうがルオーを」と言いかえてもよい。もうひとつはその世代の人達の中には、あまり内容はないがえらそうな事を言って権威を示したがるのが多かったのである。アナトール・フランスのどこが面白いか、あるいはつまらないか、という方向には話が進まないのである。

自分がすでに教師になっていたから、人に教えられてみると大いに参考になった。何をすべきかすべきでないかがよくわかった。何か正解をしてもみとめたがらずなんくせをつけようとする人はかなりいて、それはよくないのである。仮に八十パーセントぐらいでも大いにほめてよい場合がある。

少し違うが、フランスの十八世紀のモラリスト、ヴォーヴナルグの箴言にこんなのがあった。

「何事にも情熱的になれないのは凡庸のしるしである。」これが正しい引用かどうか自信がない。もっと具体的な事について言っていたのかも知れない。彼は「いるかいないかわからないような善人であるよりは怪盗リュパンたれ」という型の人だったそうである。それはともかく私はいつ頃からか上記の箴言を「思いっきりほめることができないようではだめだ」という形に変形して、もともとそうであったかの如く考えるようになった。それは場合による。音楽会には適用しない方がよいだろう。しかしいつでも生ぬるい物言いしかできない人には聞かせたい言葉である。「まあかんべんしてやろう」などと言ってはならない。

十二　数学者としての出発

私が大学を卒業したのは一九五二年で、その年の四月から東京大学教養学部の助手になってつとめはじめた。いわゆる国家公務員になったわけである。給料は驚くべく安かったが私だけのことではなかったから仕方がない。それはあきらめていたし、あとで書くように別に収入の道もあったから気にならず、数学の方でどう身を立てるかが問題であった。教師をしていればよいなどとは全然思わなかったのである。いろいろ試みて、その年から次の年にかけてだんだん自分の進む方向が見えて来た。一九五二年の暮頃からひとつの仕事を始めて、翌年の秋にはだいたい出来上がり、それが数学者としての私の出発点になったわけであるが、その前にあった小さなことをふたつ書こう。

一九五三年にフランスの数学者クロード・シュヴァレー（前に書いたリー群の本の著者）が来日して東京大学で彼の代数群の理論を講義していた。それはつまらない事ではなかったが私にとっては新鮮感が乏しく魅力がなかった。昔から知られている事を整理してわかり易く、なるべく一般的な条件で証明し直すというのは後から来る研究者には有用なことである。しかし私はもっと新しい展望が開けるような何かがほしかったのである。

その講義の中でシュヴァレーは線型代数群の関数体に関する定理を証明して、あとで日本数学会の雑誌に論文として発表した（Journ. Math. Soc. Japan 6 (1954), 303-324)。その中で彼は純超越関数体に関する補助定理を証明している。その補助定理はそれだけでひとつの定理としての価値があるもので当時話題になった。一九五三年のうちの事だったと思うが、それを聞いた私はすぐ簡単な証明を見つけた。実は私はその特別な場合を自分で証明していて、その事を次に書くが、その論法を使えばよく、簡単にできたのである。それは直接にではないがシュヴァレーに伝えられ、彼は自分の証明を捨てて、より簡明な私の証明を使った。だからその論文にはこの証明は志村によると書いてある。その論文はその方面の研究者に注目されたから、これが私の名前が少しは世間に知られだした最初である。

これより前、同じ年の三月末に東大と京大の若手数学者の顔合わせのような会が京都であった。秋月さん（秋月康夫、当時京大教授）の世話である。いくつか講演があり、私は予定された講演者の中に入っていず、また何も用意して行かなかった。時間の余裕があり、秋月さんに「君も何かどうですか」と言われたので、上記の定理の特別な場合の証明をした。実は私はそれとは別に、ある簡単な、しかし知られていなかった事実を証明していて、秋月さんはそれを知っていたから、その話をさせるつもりであったのではないか。当時の顔ぶれを書いておくと、京都では中井喜和、中野茂男、井草準一、東京からは佐武一郎、久賀道郎と私、京都には西三重雄もいたかも知れない。玉河恒夫は東京にいたけれどもその会には来なかった。松村英之も学生として京都にいたと思う。永田雅宜は当時名古屋にいた。谷山豊はその三月に大学を卒業したばかりであってそこにはいなかった。この中の最年長者は中井でたぶん当時三十三歳、ほかはすべて三十かそれ以下であった。

私が自分で何かしたのはそれが始めではない。一高にいたとき以来、稚いながらも自分でいろいろやってみていて、教科書に書いてないことをみつけていた。リー群の理論で使う連立一次偏微分方程式の解の存在定理を自己流に証明したりしていた。

もうひとつ注意すべき事はシュヴァレーの論文のと同じ雑誌の同じ号に出たある論文のレフェリーを私が頼まれたということで、一九五三年の前半のことである。レフェリーというのは、数学の論文が提出されるとそれが正しいものであるか、価値のあるものであるか誰かに読ませて判断させるので、その読む人をいう。当時私は大学を出て一年二、三箇月しかたっていなかったので、そんな若造にレフェリーさせるというのも変な話であった。今日ではあり得ないが当時は数学者の数も論文の数も少なく、適当な人が見あたらなかったので私にやらせることにしたのであろう。著者は大学で二年上の人で互に知っていた。

私も変な気がしたが、読んで見ると間違いを見つけた。大したことではなかったが、その論文がそのままでは発表できないのは明らかであった。面倒だったので簡単にどこが違っているかを書いて数学会の編集部に持って行った。当時はあまりうるさく形式的に事を運ばなかったので、私がそう言ったと著者に伝えられ、「汗顔のいたり」といった手紙をもらったおぼえがある。私はどうもそういう間違いが見えてしまうたちで、谷山豊からも同様なはがきをもらっているし、ほかにもまだある。

私はそんな風に職業的数学者としての道を歩み始めたが、より決定的であったのはこの章のはじめに書いた「ひとつの仕事」である。その内容を説明する必要はない。それによって新しい展望が開けたわけでもない。展望を開くためにはやるべき事がいくつかあり、そうするために必要な道具の理論を作ったのである。はっきりとではないがある方向があり、プランがあった。

彌永さんにすすめられて当時シカゴにいたアンドレ・ヴェイユにその論文の原稿を送り、手紙を書いて意見を求めた。おろかな事に私はその手紙のコピーをなくしてしまったから正確な日時はわからない。彼の返事の日付は一九五三年十二月二十三日であって、次の文章で始まっている。

「私はあなたの論文の原稿に非常に興味を持ちました。これは非常に重要な前進であって、代数幾何学の整数論への将来の応用に基本的な役割を確実に果すでありましょう。」

彼は私の論文をアメリカン・ジャーナル・オブ・マスィマティックス（American Journal of Mathematics）に出すことをすすめ、結局その雑誌の一九五五年の号のはじめの方に発表された。数学者なら誰でもヴェイユの名を知っているが、知らない人のために書くと、彼はシモーヌ・ヴェイユの三歳年上の兄である。これが私と彼とのそれからの四十数年にわたる長いつき合いの始まりである。その後のことはすでに英文で書いて誰でも読めるようになっているからここにはくり返さない。

私はもちろん嬉しかったが欣喜雀躍したわけではない。私は自分で考えてかなり血の気の多い人間だと思っているし、しかもはずかしくなるほど涙もろいが、たいていの人が大喜びするような事に対しては非常に冷静である。気取っているのではなく、そういう性分なのである。

ある日本の哲学者はカントの『純粋理性批判』を読み終った時、母親が赤飯を炊いてくれたという。似たような話はほかにもあるが、私にはその種の話はいっさいない。私は今どんな数学の仕事をしているかとか、どんな論文を書いたかなど家族に話したことはない。家族以外でもあまり話さない。自分で分っていてそれで十分なのである。ずっと後で私がフランスに行った時の事を母は「この人はいきなり明日行くよ、と言ったんですよ」などと人に話していた。それはもちろん嘘であるが、私が「自分の事を話さぬ人間」であることを伝える意味では本当である。

だからヴェイユの手紙をもらった時に、ほかの人なら大勢に言いふらしたかも知れない。私は当然彌永さんにはその手紙を見せたと思うが、ほかの誰にも話さなかった。それでも全く感情を動かされなかったわけではない。

私は大学の学生だった頃からよく東京の西郊を歩いた。その頃は中央線の武蔵境駅と西武新宿線の田無駅とを結ぶ線の中間の所、玉川上水の近くに住んでいて、暇があればそのあたりをかなり足をのばして一時間以上歩き廻っていた。ほとんど無目的、というより歩きたいから歩いていたが、古い道路のわきには馬頭観音や庚申塔の類が数多くあったので、裏に廻って年号を調べて所在地点を記した地図を作ったりした。

桜の季節には多磨墓地に行った。そこには大きく成長した桜の並木がある。墓地のことだから花見の客がいるわけでもなく、花吹雪の中をひとりで歩いていると、幼年時代の家の八重桜を思い出したり、「颪は万点を翻えして落紅陣を成す」の句はその通りで、年相応の春愁にひたっていた。深大寺のあたりにもその頃とそのあと何度も行き、それぞれ思い出があるが、ヴェイユの手紙にもどろう。

その手紙をもらったあと、翌年の正月、たぶん雪が少し降ったあとだったと思う。東京のその季節の陽光にはかなり暖かい感じがある。その日ざしを浴びて雪どけの道を歩きながら、ぼんやりと自分のした仕事に対する淡い満足感と静かな幸福感を味わっていた。

十三　教える身になって

人が人を教えるというのはうまく行くこともあるが、そうでない場合が多い。自分の事を書く前にテレビで見ていて気がついた事があるのでまずそれをふたつ書く。

将棋の作法を教えている。相手の駒を取ってそれを駒台に置き、そのあとに自分の駒を進めるのですと教え、やって見せて次に子供にやらせる。ところが自分の駒に先に手が行き、相手の駒といっしょにつかむ。「そうではありません」と言ってまたやって見せてからやらせるとまた同じことをする。教える方も困っているが何ともならない。わざと間違ったことをやらせているとは思われない。よくそんなのを放映したものだが私はつくづく思った。簡単な事を説明されたように誰でもできると考えるのは間違いである。

もうひとつ、歌舞伎の「六方を踏む」を松本幸四郎が説明してやって見せる。その「六方」は「方」にアクセントがあって、三宝とか四方と同様に後の方にアクセントがある。幸四郎はもちろんそう発音する。ところが、相手をするテレビ局の担当者か解説者は「六」にアクセントをつける。向いあって幸四郎が六方を発音するのを聞いていながらそうなのである。一回や二回ではない。実に聞き苦しかった。

　このテレビ局の人間は、言葉には正しいアクセントがあってそうすべきであり、またそれを学ばなければならないと言うことを理解していないのであろう。相手と自分のアクセントがはっきり違うことにも気がつかない。要するに無神経なのか。どう思っているか私にはわからない。

　このふたつの例から見て「間違ったやり方しかできない人がいる」または「正しいやり方をおぼえようという気がない人がいる」とははっきり言える。

　もっとも自動車の運転やコンピューターでは間違ったやり方をするとどうにもならないが、上の例では「それでもすむ」という点が違う。しかし学校教育では、上の例のように正しいやり方があって、それに教えられたように素直に従わなければならないという場合がほとんどである。間違ったやり方では困るので、それは数学では特にそうである。

　極端な例を言えば、$3/5$と$2/3$を足せと言われて、分子は分子同志、分母は分母同志足して$5/8$とする者はいるだろうと思う。それは自分で勝手に規則を作っているのであるが、そういうものではないと言われても素直に納得できない子は多いであろう。それをどうするかは教育技術の問題であるが、ともかく、私の強調したいのは、そのような「教師泣かせ」の存在である。

　私は小学生の家庭教師をやったこともあるが、あまり問題はなかった。問題は私が大学の講師として教養課程の数学を教えるようになってからである。私も未熟であったが、私が相手を買いかぶり過ぎていたということもあった。つまり、教わる方にそれほど学習意欲がないことに気がつかなかったのである。だから始めの二年間は私の方にかなり責任があった。しかし三年目からは私も進歩したから、文句があるならそれは向うの責任であるかまたは始めの話のような「教育不可能」の原理に帰せられる。どうやってもわからない連中の存在で、その例は多すぎて書き切れない。ひとつだけ普遍的な意味を持つ例を書く。

「平面に座標系を取り、座標（3, 5）と（3, 8）を持つ二点を通る直線の方程式を書け。」

答は$x=3$で実に簡単である。ところが、方程式は必ずyを含むと思って、たとえば$y=ax+b$にしようとすると失敗する。aを出そうとすると何かを0で割らなければならなくなる。

だから私は教室でこの問題を説明し、「数学は何か公式をおぼえて杓子定規にあてはめようとしてはいけない」と言って、「これは必ず試験に出すから」とつけ加えると皆神妙に聞いている。そしてその通り試験に出す。するとできない。「何かを0で割ることになるからそのような直線は存在しない」という答がある。一人や二人ではない。できる者ももちろんいる。実は大学で教えるのは三次元空間の中の直線の話であるが、ここでは簡単にするために平面上の直線にして説明した。

この現象は私の責任でない。それまでに「数学は公式をあてはめて計算するものだ」と教えられて来ているのだから私の力ではどうにもならない。たとえば「0で割らなくてはならず困った。しかし二点を通る直線はたしかに存在するはずである。ふしぎふしぎ」と言えばまだよい。そんな答案は見たことがない。

これとは違った型の話をしよう。一九六一年大阪大学にいた頃の事である。四国のある大学の三年を終ってから大阪大学の四年に転学したいという者がいた。規則では定員があまっているなら試験してその結果がよければ入れてよいとの事であった。私が一番若かったし、また東京でいろいろ経験していると思われ、実際そうであったが、頼まれて試験問題を作った。試験前に呼んで大学の三年までの課目のこの位を勉強して来なさいと説明した。代数学の基礎は含まれていたので次の問題を出した。

「群の部分群の定義をのべ、ある群の二つの部分群の共通部分はまたその群の部分群であることを証明せよ。」

これはその程度の代数学の初歩を学んだ者なら何も考えずに即座に答が書けなければならない。これと上記の直線のと、そのほか何か似たような易しい問題を二題ぐらいえらんだ。念の為にほかの教授に見せると「こんなに易しくていいのか」と言うから私は「いやこれが出来ればいいんです」と答えて試験した。

その受験者は直線のも群のも全然出来なかった。これではだめだというのが教授達の一致した意見で、それを言い聞かせると、帰りがけに「ひっかけられた」と捨てぜりふを残して去った。

つまり彼は教科書の演習問題か何か複雑な計算問題でも出ると思っていたのだろう。数学はそういうものではないという事がその試験でわかってもよいはずなのに「ひっかけられた」では二重に落第である。

この章の主題に戻ると、いくつかあげた例はすべて教わる者が心を開かないという共通点がある。そのもうひとつの違った型の例を書いてみよう。

もう四十年近く前の事であろうか、プリンストンに来ていた日本の若くてやはり数学をやっている人がいた。その人が私に言う。

「アメリカにはゲームがずいぶん沢山ありますねえ。」

当時はコンピューターのゲームはなかった。その代り、すごろくの変種、カードを使うもの、ピクチャパズルなど各種各様のゲームがドラッグストアの広い面積に積まれていた。彼の言葉はその薬屋兼雑貨屋に行った印象を言うのである。私が答える。

「それはね、アメリカにはゲームを売りつけて金もうけしたい連中が大勢いるということですよ。だからアメリカのような国に来たら、ゲームを買うよりもゲームを作って売りつける事を考えた方が利口かも知れない。」

するとその人は黙りこんでしまって、その後まったく口を開かなかった。こちらは物の見方と発想法を冗談のように言っているのだが、たぶん、「ゲームを買って遊ぶようではだめだ」と叱られたと思ったのだろう。その点はっきりしない。いずれにせよ黙られてしまってはしようがない。その点はっきりしない。ここで仮想の会話の続きを二通り書いてみよう。

「いや、僕はゲームを買って遊んでいる方でいいです。」

「そうですか。何か面白いのがありますか。」

これはこれで話が発展する。もうひとつ。

「なるほど。数学もそうですか。」

「その通り。数学のつまらないゲームを買って遊んでいる連中が大勢いますからね。」

この方がいいというわけでもない。ともかく貝のふたを閉じてしまうのは困る。それはもっと上のレベルにもあり、それはその人の勝手であるが、低いレベルの教育では開けてもらわないとどうにもならないが、どうしたら開けさせることができるか、それは私にはわからない。

一九五四年から私は講師として駒場で教養課程を教え、時に本郷に特別な講義をしに行った事もあったが、ともかく月給は安かった。そこで駒場の先輩教授達はいろいろな所から原稿料かせぎの口をさがして来たりして若手を助けてくれた。その教授達はよい人達で、自分達の学問的野心はとうの昔に捨てていたが、若い者に対する何の嫉妬心もなく、もり立ててくれようとする態度であった。

その中のホグベンの訳者であった山崎さんが私に予備校で毎週四時間教える口を見つけてくれた。ある曜日の午前中だけだったから教えるだけならたいした事はなかったがそれ程簡単でない事がすぐわかった。その学校のやり方は次の通りである。三月に大学の試験が終るとただちにある受験雑誌社が解答つきの問題集をつくる。それをばらばらにして予備校の教師達に配分する。それをもらった教師、たとえば私、は四月から夏休み前までの十何回分の問題集を作る。問題は解答ぬきにしてその雑誌社の問題集からえらぶのである。一回に三題か四題、それを五十分の中に解説する。私は一日に同じことを四回くり返す。生徒にはその問題集を刷って渡してあって、問題の解き方を教えるわけである。それがその予備校のやり方であった。

かなりの数の問題をひとつひとつ検討してからえらぶのだから時間もかかり、そう簡単ではない。期限つきでもある。まあよくそんなことをやっていたものである。

ともかく各校の問題を見て行くと、あまり素直でない、人工的で、うまいやり方を思いつかないとできない問題が多かった。私はそれは避けて、もっと普通の、基礎を知っていてまともに考えればできる問題をえらんだ。それができればよいので、またそれができない者も多いのである。

数学オリンピックというのがあるがその問題はすべて人工的で、何か思いがけないうまいやり方を見つけないとできないのである。私はそういうのは好きでない。しかしその企画があった方がよいかない方がよいかというと、それはたぶんあった方がよいのだろう。ただし、本当に数学をやろうとする少年少女達はそんなのは無視して差し支えない。

予備校の話に戻って、いつもひとりあとでやって来てうるさく質問する生徒がいた。よい質問をするのではなく、それも教師泣かせのひとつの典型であったが詳しくは書かない。予備校の学期が終ってこれでその生徒と縁が切れたと思って喜んでいた。四月になって大学の一年生の最初の講義に行くと、何とその生徒が教室の一番前の列に坐っているではないか。実に複雑な気持であった。講義のあと控室で同僚に話すと皆大笑いして同情してくれた。当人も大学に入った気がしなかったかも知れない。

予備校は夏休みにもあって地方からの生徒が多く来ていた。どういうわけかふだんよりよい給料をくれた。私はそれと各種の原稿料などを全部は使わずに貯金していた。いつか必ずそれが必要になる時が来ると思っていて、実際その通りになったのである。次の章で書くように一九五七年に私はパリに行った。向うに行けばフランス政府から月給が出るが、日本からの旅費は出ない。文部省に申請せよというからそうするとお役所仕事でなかなか返事が来ない。結局自分で出すことになった。羽田からパリまでの航空運賃は二十五万円でこれは私の当時の月給の十数倍で大金であった。幸にして私の貯金がそれぐらいあったが、駒場のある教授の世話でアジア財団から九万円（当時の二百五十ドル）もらう事になった。日本政府よりはてきぱきしていた。その係の者の兄弟がアルバートの弟子で多元環論をやっているとかで、その多元環のことを英語でおおげさに言ったのをおぼえている。二百五十ドルはいささかけちな感じであったが、フランスでなくアメリカに行くのだったらもっと出してくれたであろうから文句は言えない。

フランスでは給料は悪くなかった。パリから今度はニューヨークに行ったのであるが、その飛行機代はフランスでの給料で十分まかなえた。正確に言うと、毎月もらう給料のほかに期末手当のような物があって、それがちょうど飛行機代になったように記憶している。また日本に帰るのにニューヨークから羽田までも自分で払った。

当時私は日本の国家公務員であり公務海外出張という事になっていたからその身分の旅券をもらった。その旅費を政府が出さずに個人が出すのをやましいと思うのか恰好が悪いと思うのか、いろいろ文句をつけた。よその政府か何かが出してくれる形にすれば恰好がつくと思うらしいのである。フランスからアメリカに行く時、私がアメリカでもらうお金を旅費に使ってよいという手紙をもらえと言う。すでに私の所持金でまかなえることを知らせてあるのにそういう事を言う。その為にわざわざ手紙を書かなければならない。みっともないといったらない。日本政府は自分で金を出さないくせに、たった紙切れ一枚で形式を整える為に、時間つぶしのいやがらせ同然の事をしたのである。

のち一九六二年に私が日本からプリンストンに行く時、やはり私がプリンストン大学からもらう俸給（当時の私の大阪大学の俸給の十数倍）を妻子を養うのに使ってよいという手紙をもらえと言う。つまり一つの旅券を出すのにはまた別の一枚の紙切れが必要だという理屈だったらしい。そんな国にいられるかと言いたくなる。

私は例外ではない。私の世代で同じ頃海外に出た人達は似たような苦労をしている。フランスやドイツの給費留学生は旅費もでる。そうでない人は私と同じように有金残らずはたいたり借金したりしたのである。その上私同様のいやがらせも受けている。私について言えば、手間暇かけて問題集を作ったり、教師泣かせの生徒の相手をしてがまんしていた甲斐はあったが、日本政府の頑迷だけはどうにもならなかった。

十四　フランスでは

私はすでに書いたように一九五三年にヴェイユに手紙を書き、一九五五年に彼が来日した時に会った。それ以来彼は私を認めていてくれて、私にパリに来ることを勧めたのである。彼はシカゴ大学から休暇をもらって、一九五七年秋からの一年をパリのポアンカレ研究所で過すことにしていた。結局彼の口ききでアンリ・カルタンがフランス政府の国立科学研究センターの研究員（シャルジェ・ド・ルシェルシュ）の地位を世話してくれた。

その前にフランス語を学んでいた頃の話はすでに書いた。当時、私が書いておいた心おぼえを見ると、「フランス語をおぼえてパリに自分が行くなどとは何だか滑稽だ」と書いてある。その気分が見えたらしく、ある教授は「ちっとも嬉しそうでない」と言って、もっと嬉しがらなくてはいけないような顔をした。

それまでにはフランス給費留学生、いわゆるブルスィエになって日本からフランスに行った人は何人もいた。ところがそれは学生の身分であって、研究者には不向きなのでヴェイユがその研究員の考えを出したのである。米国からも、私と似たような待遇で行った人もあると思われる。いずれにせよ私が特に行きたいと思ったからそうなったのではない。

私は数学で何をやるかという事は自分できめる。誰の指導も受けたことはない。そのほかの事は成り行きまかせというか、向うから来た状況に身を委ねるということがある。もちろん判断はしていて、また自分で積極的にきめる場合もあるが。

ともあれ行くことになり、一九五七年十一月二十三日にエール・フランスの双発飛行機で羽田を立った。当時は乗客も少なく、エール・フランスの自動車が私の三鷹の家まで迎えに来た。日本人客で羽田で乗った人はほかにもいたが、パリまで行ったのは私ひとりであったと思う。空の旅は思ったより快適で、ほとんど退屈しなかった。途中マニラ、サイゴン、バンコク、カラチ、テヘラン、ローマに止まった。フランスの飛行機だから食事に気を使っていて、飛行機の中でのほかに飛行場のレストランで食事をすることもあった。テヘランでは郊外の感じのよいレストランで食べさせてくれた。テヘランには三十七年後に行き、ローマにはその後二度訪れたことがあるが、その他の飛行機の止った場所にはその時以来行ったことはない。

ともかく、まる二昼夜かかって真夜中にパリ市内のアンヴァリドのターミナルについた。飛行場はその頃はパリの南のオルリーにあった。パリの晩秋、というより冬は、暗くて陰うつであった。その前に東京で会話と作文を個人的にあるフランス婦人に習っていた。その人が「あなたはパリをよい所だと思ってわくわくしているだろうが、向うに行くとまっ暗で、きっと日本を恋しく思って泣くでしょう」と言った。わくわくしてはいなかったが、まっ暗でいやだと思ったのはまずその通りであった。

パリに十個月ばかりいたあとで米国に行ったのであるが、最初に行った外国がフランスだったというのは幸であった。フランスにいる間にまずスイスに一回行き、それからドイツ、スイス、イタリアをまわる旅行をし、スコットランドにも行ってともかくヨーロッパ体験をしたわけである。そのことはあとで書く。

アメリカに最初に来るよりはよかっただろうと言うのであるが、それがどうして私によかったかを説明するのは難しい。学問の事で言っているのではない。もっと広い意味の人間の生き方暮し方、物の考え方に幅を与えてくれたと言えば近いであろうか。

当時のパリの印象を少し書こう。地下鉄の路線は現在とほとんど同じであった。その頃は地下鉄の通路とプラットフォームの境に頑丈な扉があり、電車が入って来るとその扉が閉じて、駆け込み乗車ができないようになっていた。扉がしまると、間に合わなかった乗客はその扉の外で待たなければならない。フランスの喫煙率は高かったし今でもそうであるが、煙草を吸ったりして待っているのである。この扉はかなり後まであったが今はない。

さて地下鉄の電車のドアは自分で開けなければならないようになっていた。だから電車が来ても、自然に開くものだと思って待っていては乗れない。降りる客があれば開くのだが。これは今でも一部の路線では同じではないだろうか。つまり自然に開いたりすると危険だから、というような、頑丈な扉と同様の何かフランス流合理主義の理屈があるのだろう。

駅の名前は大きく出ていて、その駅をはさむ両側の駅の名もはっきり出ている。しかしそれは地下鉄だけの事で、実際こんな笑話がある。

ある日本人が船でマルセーユまで来て、そこから鉄道でパリに行く。窓から外を眺めていて大発見をした。何とフランスの駅は皆同じ名がついているではないか。それはソルチである。ソルチとは出口のことで、実際駅ばかりでなく公共の建物には例外なく大きなソルチの表示がある。肝心の駅の名は小さくどこかにある。だからこれは本当の話である。これは米国でも似たような物であったが駅の名はだんだん大きく出るようになった。

フランス人、いやヨーロッパ人は日本人の目から見て変な所でけちくさくなるというか、つましいという所がある。フランスでは「バタをふんだんに使って心おきなく食べる」という表現があって、それは貧乏でなく余裕ができたという意味だが何となく悲しいではないか。米国では通じないだろう。米国ではバタの代りに豚肉を使う表現があるがニュアンスは違う。

しかしヨーロッパ人は実際にではなくてもバタを節約したがるような所がある。一九五八年の六月にドイツ、スイス、イタリアに二十日間の一周旅行をして、それはそれで楽しかった。しかし日本人にとっては奇妙に思われる体験をした。フランクフルトのあるレストランで夕食をした時トイレに行くと料金を取ったのである。そこの客から取るのである。これには全く驚いた。その後各所で似たような目にあったから今では驚かないし、料金の取り方の形式にもいろいろあるが、けちくさいという点では同じである。

そういう費用はそこを使う者「だけ」が負担すべきであるという愚劣な合理性がある。ドイツの大きな飛行場ですらそうであって、しかもドイツの貨幣しか使えない。乗換の客には不便極まるが、ドイツ人はそれで何が悪いかと思っているだろう。

しかしパリに来て、私はやはり日本は貧乏でしかもおくれているという感じを持った。その頃フランスでは、ボールペンを日常的に使っていたが日本ではまだそうでなかった。日本人は新しい物に飛びつきたがって、それは別に悪いことではないが、ボールペンに関してはふしぎにおくれていた。その頃の日本の貧乏については今さら言うまでもない。日本より貧乏な国もあるからここには書かない。日本が自国の技術に自信を持ちはじめたのは東海道新幹線完成（一九六四）頃からであろう。

先に書いたようなドイツ式の愚劣な合理性は日本にはない。もっとも日本政府とか大学には前章にも少し書いたようにいろいろ変な点が昔はあったし今でもあるだろう。一例をあげれば、政府に旅券などを申請する書類は、ボールペンではだめでインクとペンで書かなければならなかった。しかし一般的に言って、政府を除けば日本では便利さが優先して、その点では米国やフランスよりすぐれた所がある。米国では「いかに経費をへらすか」が問題で、他の面がその犠牲になることがある。

そういう議論はともかく、私はその後フランスには何度も行き、夫婦でアパートを借りて二個月住むというのを二回やったから種々の経験をした。一度はアパートのドアに鍵がかからなくなり、かかっても開けられなくなるという始末で大いに閉口した。管理人がいるタイプではなかったので仕方なくデパナージュという応急修理店に電話をかけた。男が来たが昼飯の後で酒臭い息でふらふらしているではないか。それでも何とかなった。

フランスにはじめて行った頃はアルコール中毒の乞食が至る所にいた。それが寄って来ては手を出す。小銭をもらうと行ってしまうのである。地下鉄には「毎日一リットル以上のワインを飲んでいるとアルコール中毒になるぞ」という警告が張り出されていた。

菓子屋やチョコレート屋の数も多く、イースターの頃にはショーウィンドウに数キログラムはありそうな巨大なチョコレートの魚が飾られていた。それもだんだん見かけなくなったように思うがどうだろうか。

私は初めての十個月の間には随分変った所で食事をすることもあった。たとえば労働者階級の多い地域のレストランで昼食をする。ビールの小びんの空いたのに赤ワインを入れて食卓の上に並べてある。栓はしてない。料理を注文するとパンが来るのはよそと同じである。ワインは勝手にその並べてあるのを取って飲み、あとで飲んだだけ払うのである。やり方を見ていると、赤ワインに水を割っている者もいる。そんな店でもエスカルゴ（かたつむり）がある。フランス人は食事にうるさくて、そのクラスでも競争があるから、毎日特色を出そうとして、その日その日のメニューを作って表に張り出すのである。それは高級店でも原則的にはそうであるが、やり方が少し違う。

食事は何か一皿取ってそれだけですますことはないから、日本流の盛そばやラーメンよりは高くつく。そのクラスでも食事には時間をかけている。ともあれそんな場所で食べた日本人はほとんどないだろう。私より先にフランスに行き、後にパリの日本館館長をやった戸張智雄は、私よりはるかにフランス通で私にもいろいろ教えてくれたが、さすがに「ビールの空きびん入りのワイン」は飲んだことはなく、この話を聞いた後は、いささかあきれながらも私を少しばかり見直すようになった。

その前二月か三月に研究所のセミナーのあとでヴェイユ、ゴドマンと私の三人でサン・ミシェル大通りのあるキャフェに入った。二人はビール、私は寒い日だったのでヴァン・ショを注文した。これは口の広いグラスに赤ワインを温めて入れ、レモンの薄切りを浮べた物である。それが来るとヴェイユが変な顔をした、わけではなかったと思うが、あとで戸張に「そんな物を飲むのかとさげすむような目付をした」と誇張して話した。すると彼は「そうさな、あれはごけさんの寝酒というところだからな」と言った。そんな形容を思いつくのが好きで、また上手でもあった。

数学の話をすると、パリに行く前、日本にいた時、いくつかの仕事をしていた。そのひ

戸張智雄(右)と著者。1958年3月パリにて。

とつはモジュラー関数体とモジュラー形式に関する理論である。これは一九五六年七月頃までには大体できていたが、それを整理したものを当時谷山豊と共著で書いていた『近代的整数論』（翌年七月出版）の中に第九章として含めた。ヴェイユにその事を手紙で書いた所、その要約をフランスのコント・ランデュに発表することを彼がすすめて、仏文数頁を送ってあったが、それがちょうど私がパリについた頃に出た。より詳しくて長い、やはり仏文の論文が発表されたのは翌年のことである。これはのちに一九七一年に英文で書いた本の重要部分に発展する。

もうひとつはアーベル多様体のモジュライの体の新しい、というより応用上に最も適切な定義であって、それをパリに行く一個月ぐらい前に発見していた。パリについてヴェイユにした最初の数学の話がそれであり、私のパリにおける数学生活はまず順調に始まった。それからその考え方を使って、私が前からやろうと思っていた事の取り付き易い所を考えて、出来るだけのところをしたのである。

私はぼんやりとあるプログラムがあって、その頃にはまだ全体が見えていたわけではなく、どうやったら出来るかもわかっていなかったが、方向は見えていて、その方向に少しずつ進んでいけば何とかなると思っていた。

数学には、数学者なら誰でも理解できるはっきりした問題がいくつもあって、その問題を解こうとする人も大勢いる。私のしようとしたのはそれとは全然違う。問題の形にすることは出来たかも知れないが、むしろ、理論が完成した時に実はどういう問題であったかがはっきりする、と言った方がよいだろう。はっきりするまでに十年近くかかったのであり、また私以外にはそういう事を考えている人はいなかった。

数学的にこれを説明するのは手間がかかるので、そのひとつの特別な場合は数学史上に興味ある事実と関係しているから、それを書いてみよう。

ポアンカレは彼の『科学と方法』(一九〇八)の中で、彼の数学的発見がいかに突然何の理由もなく彼の頭の中に現れたか、いくつかの例を挙げて書いている。そのひとつは次のようである。

「ある日私は崖の上を歩いていた時、三元二次形式の数論的変換は非ユークリッド幾何の変換と同一なものであるという考えが浮かんだが、それは、いつもと同じ短さ、突然性、確実性を備えてであった。」

これは一八八六年彼が三十二歳の時の発見であって、彼はこれについて同じ年に短い論文を書き、翌年に五十頁近い論文を書いている。『科学と方法』の邦訳はかなり古くからある。しかし、その訳者も読者も、発見の突然性は理解したであろうが、その発見された数学的事実を理解した人はまずいなかったと思われる。

今日ならこれは線型代数群とか対称空間の中級の知識があって少し考えればすぐわかる話である。私がパリで一九五八年頃研究していたのは、このポアンカレのいう「三元二次形式の数論的変換」の群から生ずるある代数曲線であった。私はポアンカレの論文は知っていたがそこから出発したのではない。このポアンカレをさらに拡張したフリッケの一八九三年の論文や、またヘッケの一九一二年の学位論文があって、それらをすべて私のプログラムに含めて何かできると思っていたのである。そしてその一番易しいポアンカレの発見した群の場合に、それから生ずる代数曲線を数論的に取り扱えることがわかった。その際、前に書いた「モジュライの体の適切な定義」を持っていたことが大いに役に立った。

一九五八年にエディンバラで国際数学者会議があり、私はそれに出席して、この結果を発表した。しかしその時には何の反響もなく、また理解した人もいなかったと思われるが、私は別に何とも思わなかった。実はそれより複雑なフリッケの場合があり、その場合を含めて私のプログラムを一段落させたのは一九六六年であるが、それに関係あるヘッケのひとつの発言に注意しよう。ヘッケは二十世紀前半において数論の非常に重要な仕事を残したドイツの数学者である。

彼は上に注意した自分の学位論文の中で、このポアンカレやフリッケの群に言及して「これは整数論には特に意味があるとは思われない」と書いた。実はそうではなく、ヘッケの目標としたような整数論の問題には、このフリッケの群が非常に意味のあることを私が後に示した。だからヘッケは間違っていたわけである。私はこのあたりの事情を詳しく一九九六年の私の英文の文章で説明し、その中で、私がこの研究を始めた時には「ヘッケに死後の恥をかかせようという意図は全くなかったことを読者に保証する」と書いた。これは文章に面白く色をつけたのである。

しかし、私がこの理論を完成した時に、「ヘッケが生きていたらなあ」と思ったのは事実である。残念ながらヘッケはその約二十年前に六十歳で世を去っていた。

このように書いても、私はすいすいと思うがままに結果を出していたわけではない。そんな事は誰にも出来ない。ああでもない、こうでもないと試行錯誤の連続の後でやっと出来るのである。出来ない場合だってある。ここでポアンカレの例に近いが少し違った私の場合を書いてみる。

合流型超幾何関数という応用上重要な関数がある。純粋数学でもそれが必要になる事があり、それの高次元にした関数がどうしても必要になって来た。一九七九年頃プリンストンでの話である。いろいろやってみて、少しは出来るが決定的な結果が出ないのでそのままにしてあった。二年ばかりたったある日の午前中に午後の大学院の講義の準備をしていた。それは大した事ではない。ところが、その中のある事実がふとそのやりかけの仕事を思い出させ、何となく「今日あれをやれば出来るのではないか」という気が起った。

そしてその日の講義のあとすぐ始めてみた。すぐ全部出来るわけではない。しかし、出来そうだという気分があるから、やっていくと思考がとぎれずに続いて、ともかく数個月で満足できる結果を得た。そのように前に考えた問題をふと「今日やれば出来る」と感じてそうなった場合はほかにもあるが、そうでない場合の方が多い。

これはずっと後の話で、話を続けるためにあと戻りすると、私のパリ滞在はほぼ十個月であったが随分いろいろの経験をした。パリに来てすぐはフランス語を「中々よく話すと思ったが、パリにいる間にちっとも上手にならなかった」とあとでヴェイユが言った。それはその通りで、行く前は勉強していたが、そこに行ってしまえば数学の方が大事で、語学がおろそかになったのである。フランス語を学ぶには映画館で同じ映画を繰返し見るのがよいとヴェイユがすすめたので、その頃はかなり映画を見た。ブリジット・バルドーとかジジ・ジャンメールの時代であったが、記憶に残ったのはイタリア映画の「カビリヤの夜」とかイングマール・ベルイマンの「第七の封印」である。流行映画の各シーンにせりふをつけた、いわば映画を読むようにしたタブロイド雑誌があって床屋に置いてあった。今思えばそんなのを買って読めばよかったと思うが、つい買いそびれてしまった。年頃のフランス女性とつき合う機会もあり、つき合っていたらフランス語も上手になったかも知れないが、何となく面倒で、またそうしない方がいいとも思ったのである。しかしヘミングウェイは自分のパリ時代の事を書いているが、実はフランス語はろくに話せなかったというから、私のフランス語の方が彼よりましであったという可能性はある。といっても自慢にもならない。

十五　プリンストン研究所では

ともかくパリの十個月が終って、一九五八年の九月下旬にプリンストンの高等研究所に来た。これもヴェイユの世話で、彼もその年からそこの教授になったのである。それからまた七個月の間彼とほとんど毎日のように顔を合わせていた。彼はパリにいた頃から代数群の理論を彼自身のやり方で整理して、ジーゲルの二次形式の理論をよりよい形にする事を目標にしていた。それの易しい部分をやり始めていて、私が当時やっていたような保型形式には手をつけようとしていなかった。しかし私が話をしに行けば本気に相手になってくれた。

彼は気短な所があって人をどなりつけることもあった。私はどなられたことは二回ぐらいしかない。しかし一度逆にこちらがどなるというのではないが、言いたい事を言ったことがある。それはもっとあとの一九七〇年頃だと思う。私がある理論を構成して、それをある人が整理して別の形に書いたことがある。それをヴェイユがほめて、「君のよりその方が好きだ」という意味のことを言った。私はちっとも感心してもいなかったし、またかんにもさわったのでこう言った。

「その人もあなたも、そういう他人のやった事を書き直すのが好きならいくらでもやったらいいでしょう。しかし私はそんな事には興味はなく、新しい事を発見してそれを押し進めようとしている方が好きです。」

そうきっぱりと言ったら、さすがに彼もしばらく黙って何も言わなかった。

これはずっと後の話で、研究所に来た時に戻ると、そこでパリ以来いろいろ考えていた事の大部分は翌年東京に帰ってからまとめた。研究所にいる間に書き上げた論文は一篇だけで、ヴェイユはそれを買っていたと思う。しかし後になって考え方を変える必要があることがわかった。それでもその論文で取扱った保型形式の周期が重要な問題であることは確かであって、私の一九七〇年代後半からの研究の中心主題に発展したのである。

数学を山登りにたとえれば、頂上までケーブルカーとかロープウェイで行くようなものではなく、さんざん廻り道をしなければならないのである。ここに注意した私の論文も、ひとつの廻り道であった。完全な成功ではなかったがむだではなかったのである。

プリンストンでの数学の話はこのぐらいにしてひとつ思い出すおかしな話を書こう。今でもあるが、ある大きな団体があって寄附を集めるのである。つまり寄附を集めるのに、個々にしないでまとめてするのである。その集める仕事をやっている女の人が私の研究所のアパートに来て寄附をせよと言う。私はいったいどのぐらい寄附するものかとたずねると、「あなたの身分だったらまあ一ドルぐらいが適当でしょう」と言う。その頃の一ドルは使いでがあったが、いくら何でも一ドルでは、と思って二ドル寄附した。するとその後で隣のアパートに住んでいたアメリカ人が「君は二ドル寄附したそうじゃないか。僕が一ドルですまそうとすると、君が二ドルだったと言われて……」と苦情を聞かされた。彼がいくら寄附したかは忘れた。今どのぐらい寄附させようとするかは知らない。その頃はその程度であった。

もうひとつ、今では考えられないような話を書こう。プリンストンに来てすぐ、町の中にフランス料理屋があるかと電話帳でしらべて一軒見つけた。さっそく夕食に行ってみた。メニューはフランス風で、ともかく何かフランス風に注文した。たぶんワインも注文しただろう。ところがコーヒーを飲むかと聞くのである。つまり今すぐ飲むかという意味で、それにはびっくりした。それは断ったが、当時は夕食でもコーヒーを飲みながらするのがアメリカでは普通のことで、かなり後までそうであった。今でもそれはあり得るが少なくなったと思う。昼飯だったら食べる物によっては紅茶ならそうするのは珍しくないが、コーヒーはやはり後にするだろう。

レストランのコーヒーよりもっと私にとって大切な事を書かなければならない。研究所の一人用のアパートに住むと、いわゆる家具付きで、机やベッドのほかに小さな冷蔵庫があった。それより私にとって嬉しかったのは暖房があって温度調節も出来ることであった。

前に書いたように私はやせていて、日本の家屋の冬は寒く、いわば一生ふるえて生きて来た人間にとってこれはつくづくよい所に来たと思った。熱い湯も出るから好きな時に風呂に入れる。

東京にも高級アパートはあった。たとえば私のフランス語の個人教授の先生はそのひとつに住んでいた。しかし当時の大学教師の手のとどくような所ではなかった。

プリンストンにはカーネギーレイクという小さい湖がある。湖と言っても井の頭の池の五十倍ぐらいだろう。も少し大きいかも知れない。冬には氷が張ってスケートが出来る。スケートを買って、近所のアパートにいたA君に教わってスケートをおぼえた。研究所の近くの小川がその湖に流れ込んでいて、その小川も氷っているからその上を通って湖まで行ってスケートをするのである。すべって帰って来てすぐ風呂に入れるのが嬉しかった。

暖房や風呂とは別にアメリカがよいと思った点をもうひとつ書く。プリンストン大学は研究所とは無関係であるが、近くにあって、研究者はお互に往き来している。その大学に売店があって、現在日本の大学にあるのと似たような物であるが、そこで私はアルフレート・アインシュタインのモツァルトについての書の英語版を入手した。これは一九四五年刊の歴史的名著であって私はていねいに読んだ。この本の邦訳が出たのは一九六一年末のことである。

先のことになるが、一九六二年にプリンストンに再び来て、その売店で買ったり、町の図書館、大学の図書館で借りたりして、日本にいたら読まなかっただろうと思われる本をかなり読んだ。モッァルトの歌劇の台本作者ダ・ポンテの回想録の英訳、ダーウィンの自伝などがその中に入る。もちろん日本にも専門洋書店はあるが、プリンストンのような場所にいれば、何の努力もせず日常的にいくらでも目にふれ手に入るという点が違う。また十五分もドライブすれば大きな古本屋があって、いろいろ変った本があり、よく回転している。

プリンストンは小さな町であるが、かなりの大きさの劇場があって、そこで第一級の音楽家の演奏もあるし各種の舞台芸術が見られる。ずっと後のことになるが私はそこでマルセル・マルソーのパントマイムを何回か見た。うちから車で十分ばかりの場所だから、東京でのように帰宅がおそくなることもない。だから日本にいるよりはその意味で面白かったわけである。

当時の高級研究所の所長はオッペンハイマーであった。彼について私の印象その他を書いてみよう。彼は原子爆弾の製造責任者としてよく知られていてその伝記も出版されている。しかし彼がどういう人物であったかはその種の伝記を読んでもわからないだろうと思われるし、少なくとも私の記述はそれを補足する意味はあるだろう。

さて私のように新たに所員として来た者は、所長のオッペンハイマーにあう事になっていて、ある日私はきめられた時間に彼のオフィスに行った。

会って握手して席につくと、それまで私のファイルをしらべていたらしく、「あなたはここに来る前はパリにいたそうだが」と話しかけるのである。適当に応対してその対面は短時間で終って、それはそれだけのことであった。しかしうまく話題を見つけるわけでもなく、彼は当時五十五歳、その年齢にしては不器用な感じであった。

たぶん一九五九年九月頃のことと思うが、彼が東京に招かれて、国際文化会館で当時館長の松本重治が彼を主賓として昼食会を催した。かつてプリンストン研究所にいたことのある日本人学者もよばれて、私も家内同伴で出席した。その時は松本重治が適当に座を取りもって会話がとぎれる事はなかったが、オッペンハイマーは相変らず自分から話題を持ち出すわけでもなく、そういう席ではつまらない人であった。ついでに書くと、夏といってよい季節だったと思うが重治はツウィードの上衣を着ていた。

その後私は一九六三年、彼の弟のコロラドの家を借りて二箇月住んだ。その弟はやはり物理学者で容貌は兄によく似ていて、パイプを吸う手付きまでそっくりであった。

私が直接オッペンハイマーを知っているのはそこまでで、あとは人から聞いた話である。それによると彼の評判はよくなかった。学者としてではなく、彼の人柄についてであるが、彼をよく言う人はひとりもいなかった。彼は数学者を馬鹿にしていて、「数学者は無教養だ」と言っていたという。これは何人からも聞いた。

研究所では所員に交代に一時間で自分の研究を発表させる。すると彼はその前に講演者を自分のオフィスに呼んで説明させる。そしてその弱点は何かと聞いてそれを言わせる。長所となる点も言わせたかも知れない。さて講演の日が来ると彼は一番前の列に席をとる。講演が終ると彼は後をふり向き、聴衆に向かって今の話の弱点はこれこれ、長所はこれこれと自分が講演者に聞いたことをそのままえらそうに話したという。

これは少し話が面白く出来すぎているが、そういうのは、まったくの事実ではなくてもかなりの真実が含まれているものである。

ウイグナーという、これもよく知られた物理学者であるが、この人はプリンストン大学で、数学と物理学の両教室に属していたからしばしば話をする機会があったが、いつも自慢して人を馬鹿にするような調子であった。この人をほめる人もいなかった。

評判のよい人もいた。ライマン・スピッツァーというこれも有名な宇宙物理学者がいて、プリンストン大学の天文学教室にいた。その建物は数学の建物の北側八十メートル位の所にあって、彼は定年退職後ある時から数学の建物に来て、下から十二階まで階段を歩くことにしていた。もちろん健康のためにそうしたのである。私も自分のオフィスに行くのにエレベーターを使わずに、地下一階から五階のオフィスまで歩いてのぼる事にしていたので、階段で彼にしばしば出会った。地下一階というのは駐車場から行くとそうなるのであり、また空調のための一階があったから五階は実質的には六階である。たいした話をしたわけではなく、彼がこの間日本に行って来て云々とその程度であったが、感じのよい人であり、それは彼を知っている人は皆口をそろえてそう言った。

ここで少しさかのぼって高木貞治の印象を書く。一九五五年に欧米から何人かの数学者が来て学会があったがそのあと、日本人学者だけの夕食会があり、私は彼とは違うテーブルであったが近くにいて、彼が話をしているのを聞いた。何かありふれた冗談を面白そうにしていて、まあ凡庸な感じであった。そのしばらくあと、私達の仲間数人が彼の自宅に話を聞きに行った事があり、その記録は残されていると思うが、そこには記されていない点をここに注意しよう。彼は八十歳で耳が遠かったので、私達の言葉を彼の近親のある女性が彼に聞き易い声で言い直すのであった。

それより十五年ぐらい前、彼がその頃の数学を「過渡期の数学」と呼んでいた文章があったので「あれはどういう意味か」と私は聞いてみた。単に話題をさがしてそうしたに過ぎない。その女性を通してそれが伝えられると、途端に彼は色をなして怒り声で何か言ったた。どう言ったか忘れたがいささかあきれた。私が彼の声を聞いたのはその二回だけであったが、大いに失望した。後で彼は近親者にも嫌われていたと聞いた。

「君子は泰にして驕らず、小人は驕りて泰ならず」と論語にあるが、「驕りて泰なら」ざる実例を見せられてしまったのである。

これらの例から見て言えることは「十目の視る所、十手の指さす所」というのはまったくその通りである。衆人の一致した意見は、人柄のよしあしに関する限りつねに正しいものである。しかしそれは学問的価値とか芸術的価値についてはむしろそうでない方が多い。時間の要素も加わってくる。「十目」の原文も単に道徳的な面について言っているのであって、その他の面は無関係である。

私は、アルチン、シュヴァレー、アイヒラーなどの数学者に会ったが、彼等は君子であった。ジーゲルはいじわるな所はあったが小人ではなかった。ブラオアーはいささか問題があって、泰ではなかった。岩澤さんも彼についてそんな意味の事を私に言ったことがある。

私が大学の学生だった頃の数学科の教授助教授、他の大学であった人でも、君子もいれば小人もいた。誰が君子であったかと書くと残りはすべて小人かと思われる恐れがあるので書かない。ただひとりだけ君子として東北大学の淡中忠郎を注意しておく。数学の上でも彼は意欲的な仕事を残した。

しかし私はプリンストンにいて、日本から来た日本の大学教授というような人に大勢会ったがその中の驕りて泰ならざる小人の割合はかなり大きかった。すべて初対面で数学以外の人である。なぜあんなにいばりたがるのかふしぎであった。地方の大学の人が特にそうであった。ここにこんな事を書いても小人の数がへるわけではないが、ともかく書いておく。ついでにつけ加えると日本占領軍司令官のマッカーサーは小人以下であった。

十六　東京に帰って

一九五九年の春に私はプリンストンから東京に戻って来た。羽田から自動車で三鷹の家まで帰った。フランスに行く時には気がつかなかったのに、今度は窓の外に見る町並の貧弱さがひどく目立って、やはり日本は貧しい国だとつくづく思い知らされた。そして私自身の貧乏が問題になって来るのであるが、まずひとつ書かなければならない事がある。私はその年の八月に結婚した。六年前から知っていたけれども、この人と結婚しようときめていたのではない。「この人と結婚するようになるかも知れない」と思っていて結局そうなったというのが正確である。

家内の祖先は日本中で貧乏で聞えた四国の藩の領主に仕えた。生れて育った家は私の大久保の家から歩いて十分とかからない。小学校は空襲のところで書いた戸山小学校で、その地所は私の先祖の藩主の秘密庭園や戸山ヶ原に接している。

だから私は同藩ではないが、同じ切繪図の娘と結婚したわけである。戸山小学校は大久保小学校に近かったから、その頃よくあったようにライヴァル意識があって、生徒達は互に相手の学校をけなして、大げさに言えば敵視していた。しかし私達をロメオとジュリエットになぞらえる人はいなかった。また『落窪物語』にあるように「世の人の今日の今朝には恋すとか聞きしにたがう心地こそすれ」というわけでもなかった。

ともかく東京に帰って再び東京大学教養学部で教えるようになった。そこで教えることが私の苦痛になってくるのであるが、その話をする前に数学の仕事について書く。私は一九五五年にヴェイユが日本に来た時に会い、その後谷山豊と共著で『近代的整数論』を一九五七年七月に共立出版の現代数学講座の中の一巻として出した。その「まえがき」はわずか十六行であるが、私はその文章をほとんど一日がかりで書き、その事を谷山に話すといささかあきれていた。その前半の八行をここに書く。

「代数幾何学の進歩は整数論に深く影響した。クロネッカーによる古典的虚数乗法論、あるいはその拡張への試みとしてヘッケの残した仕事を、さらに高次元の場合に発展させることは整数論の大きな課題であったが、今日われわれは、代数幾何学の言葉によって、その発展の方向に新たな知識を加えることができる。それは必ずしもわれわれを完全に満足させる形を備えているとはいいがたいのであるが、ともかくも、理論の進歩の途上において、われわれはひとまずある高みに上って後を顧み、また前を望むことをゆるされたということができるであろう。」

今読み直すと、「われわれ」という言葉が堅くて気になるが、英語の we のつもりだから仕方がない。簡単に言えば、アーベル多様体の虚数乗法の理論を、ともかく出来た所までまとめた物であった。ここで、私が一九五三年にヴェイユに送った論文の理論が役に立ったわけで、実はそれを想定してその理論を作っておいたのである。しかし、この「まえがき」にあるように満足出来ない点がいろいろあった。ひとつは私がパリに行ってすぐヴェイユに話した「モジュライの体の適切な定義」であって、それを上記の共著の本を書いた時点では持っていなかったのである。だからプリンストンから東京に帰って来て最初にした仕事は、それを使って英文で主要結果を書き直すことであった。

谷山はその前年の十一月に世を去っていた。ふたりの間で英文にしようとは考えていて、実際私はアーベル多様体上の微分形式に関する小部分を英文にして、それを谷山に渡してあったのであるが、谷山没後それが出て来て返してもらった。彼はこれについて何もしていなかった。出来上がった英文の著書は彼との共著として一九六一年に発表したが、実は私がひとりで書いたので、いわば彼にはその英文には何の責任もない。

この仕事をやり始めてわかった事は、邦文の彼の書いた部分の中で、捨ててしまうかまたは徹底的に書き直さなければならない所がかなりあった。このあたりの事情について私の英語の文章があり、そこには婉曲にこう書いてある。「彼は決してだらしないという型ではなかったが、多くの間違い、それもたいてい正しい方向への、をするという特殊の才能にめぐまれていた」。また私の英文の本の序文に「これはその和文の本の翻訳ではない。

始めから終りまで新しく書き直したものである」と書いた。共著としたのはそれでよかったと思うが誤解を招いたのは確かである。

のちにこの和文の本の再版を出さないかと出版社が言った時、私は断った。間違いの多さもともかく、基本定理がその本の書き方では役に立たない。また、きちんと書いた英文の書がある以上、その本の意味はなくなったのである。

それから三十五年後一九九六年にさらに書き直して、また別の結果を多くつけ加えた英文の書を出した。今度は共著にする意味はないので私ひとりの著書である。これらの本の内容は私の別の仕事にもいろいろの形でかかわり合うのであるが、技術的になるのでここには書かない。

ともかく一九五九年から翌年のはじめにかけてはその仕事をしていて、その一方教養学部の講義をしていたが、そこの制度の中で教えているのがつくづくいやになった。教えることがいやというのではなく制度が愚劣だったからである。理科の学生が理一と理二に分けられていて、前者は生物を除く物理・化学等の自然科学と数学、それと工科に進むことになっている。後者は生物・農科・医科というわけである。それがどういうわけか、数学を同様に教えて、同様に採点せよという。それは、当時どちらからもたとえば数学科に進めるようになっていて、そうしないと不公平だというのがひとつで、もうひとつは、教養として教えるのだからそうすべきだというのである。ところが学生の方は学びたくない、教養学ばなくてもよいと思っていることを教えられるのだから不幸である。

　生物学にせよ医学にせよ、ある程度の数学的知識を持っていた方がよいが、物理学で必要とする程度とはかなり違うのは明らかである。ところが誰がきめたのかそれに従わなくてはならない。教師も学生も迷惑な話だが、当時はそんな愚劣なことをやっていた。

　もうひとつは、当時の学生の大半は、おそらく今でも、いやな受験勉強をさんざんやった後でせっかく大学に入ったのだから遊んでいたいという気分が強く、研究者になろうという人は別として、学問的意欲はあまりなかった。そういう点も考えにいれるべきだったのである。

　話の順序としてここで六〇年安保について書く。六〇年安保と言っても、その時にある年齢に達していてその事件を記憶している人は今六十歳以上になるであろう。一九五二年に発効した日米安全保障条約を改定して新条約を締結したのが一九六〇年であった。この新条約には種々の問題があり、これに反対する民衆の大きな運動がその年六月に起された。政府側と反政府側のこの政治的衝突は日本史上おそらく最大のものである。ここにその経緯をのべる必要はなかろう。

　私は当時東京大学の助教授であった。学生と教師のうちには学校から出てデモに参加する人が多かったので、六月にはほとんど全校休講状態ではなかったかと思う。これを「民主主義擁護の偉大なる闘争」といわゆる進歩派学者は呼んだが、私はそれをその時も今も信じていない。ただいろいろの考え方があって簡単にきめつけられないのである。

条約の各条項とは別にアメリカ駐留軍に対する反感はずっとくすぶっていた。直接の関係はないが、私には忘れられないひとつの事件を注意しておこう。一九五七年一月、群馬県の米軍演習場での射殺事件というのがあった。その附近の住民が薬莢をそこで拾って売っては収入の助けにしていた。ある日拾いに来た農婦を米軍兵士が招き寄せて近づいた所を射殺したのである。兵士はつかまえられたが、日米どちらに裁判権があるかで紆余曲折があり、結局日本で裁判することになった。その年十一月に前橋地裁は懲役三年、執行猶予四年の判決を下し、それで終り、その犯人の兵士は十二月に帰国してしまった。日本政府が裁判所と検察に圧力を加えた事は明らかである。米軍兵士の同種の殺人事件はまだあるが、その都度日本政府の圧力でいいかげんにすまされたという印象を残した。これらの事件は、将来のためにももう一度見直してよいと思うのでここに書いた。

安保の話に戻って、私はデモに参加する気はなかった。ところがデモ行進で不法行為と認められた者が多く逮捕されて、新聞に「何某以下何人逮捕」と書かれるその「何某」が当時の私が受け持っていたクラスの学生だったのである。そこですぐに警視庁の検事に会いに行った。どんな話をしたかおぼえていないが、私はデモ賛成派でなかったから何の議論にもならなかった。大した事ではなく、簡単に釈放されたと思う。

安保はもうひとつ妙な形で私とかかわりあった。その年の四月か五月中に東京大学学生新聞にたずさわっている学生が来て、私の現在の仕事について何か書けという。新聞の囲み記事にするのが目的である。私は承知して、前に書いたポアンカレの『科学と方法』の文章を引いて、「そんな古い論文が私の仕事につながっている」というように書いたと思う。ところが、すぐ六月の大騒動になってしまって、その報道に追われた学生新聞は、私の書いたような「不急の文章」をのせる気もなく、またその余裕もないと思ったらしく、それは遂に印刷されなかった。何の挨拶もなく原稿も返さなかった。彼等はマルクスは知っていてもポアンカレが何者であるかは知らなかったであろう。

安保事件の前後、私自身の数学の仕事とは別に、多元環の整数論のセミナーを私が言い出し、中心となってやることにした。一九五九年十月からはじめて一九六〇年末に終った。話した人は久賀道郎、清水英男と私を含めて八人ぐらいであったと思う。謄写版のノートの一冊が一九六三年はじめに東大数学教室から出て、私がその序文を書いた。それの最後の一節を書く（書いたのはプリンストンに来てからである）。

「ここに取扱われた問題が自然に、現在発展しつつある『algebraic group の整数論』につづくことはもはや注意するまでもないであろう。もちろん私達の問題意識もそこにあったのであるが、しかし必ずしもそのことを意識する必要はない。しばらくの間、人の関心をひくことの少なかったこのテーマの中に、先入観を持たない読者が、明日の数学の新たな素材を発見することもあるであろう。（一九六二年十一月）」

私の意図したのは、数学の新領域に入って行く前に身につけておくべき基本的知識を当時の東京の若い人達に学んでもらって、同時に私自身も自分の知識を確実にしておこうと思ったのである。前に書いたような理由で、年寄りにはまかせておけなかったから私がイニシヤチブを取らなければならなかった。

ここで一九六〇年の私自身の仕事について書こう。虚数乗法の英文の本の原稿を書き上げた後は、前に書いたポアンカレの群から得られる代数曲線についてエジンバラの学会で発表した結果を全部書き上げる論文を書いた。学生新聞に送った文章はそれを指す。実はそれより重要な事は、それの一般化となるフリッケの群を同様に取扱う方法のアイディアを得たことである。一九六〇年秋のことで、それで出来てしまったのではなく、単にいと口が見つかったに過ぎないが、ともかく何とかなるという見込みがついたのである。

翌一九六一年の一月にはシンプレクティック群のヘッケ作用素の理論を作って東大教養学部のセミナーの何回かの講演で発表した。特に、オイラー積の因子が四次になる物を発見した時は嬉しかった。これは二年後に短い論文としてアメリカの雑誌に発表した。ところでこの結果を独立に得たように書いた論文を出した人物がいる。その人は私のセミナーを聞いた後で自分で計算したら五次式になったと私に語った。それをいつやり直したか、私は知らない。

娘を抱く著者。1961 年 4 月、三鷹の自宅にて。

十七　大阪での一年

さて私は一九六一年の春から大阪大学に移った。松島さん（松島与三）のさそいである。私は乗気であったわけではなく多少迷ったが、気分が変るかと思って行くことにした。東大教養学部のやり方にうんざりしていたこともあった。後で考えて行かない方が楽だったかなとも思ったが、やはり行って新しい経験をしてそれなりに面白かったとは言える。松島さんとは共著の論文を一篇書いた。

松島さんは当時は突然怒り出すことがよくあった。怒り出す理由は、こちらの言う事が、ある理由で彼の内部の何かを傷つける、と彼が思ってしまうのでそれはこちらにはわからない。一度は「私はこれこれこのように話しているのですが、それがどうしてお気にさわりましたか」と開き直ってたずねたらさすがに黙り込んで、数日後に「実は」とばつが悪そうに説明してくれた。しかし彼は高木貞治のような小人ではなかった。彼はよく当時の名古屋や大阪の教授達の無知無学を私に笑って話した。以前からうんざりしていたので、私を見つけてうさをはらしたのである。どれももっともで話はよく通じた。

当時どの大学でもまともな数学教室のある所では本気でやろうとしている人はいた。しかしその少数の人を除けば、数学でもまたそれ以外でも教授や学生の意識は実に低かった。それを取りまく大学の機構の学問的環境も悪かった。それは今でも問題は数多くあるだろう。

大阪の場合はその都市の文化的後進性もある。私は自分の論文は持っているタイプライターで打っていたが、そのタイプライターのリボンを売っている文房具屋が大阪にはないのである。というよりは、だいいち書店・文房具屋の数が大阪には非常に少なかったのである。私は当時中央線では吉祥寺か三鷹を利用したが、どちらにもタイプライターのリボンを売る文房具屋が駅の近くにあった。梅田駅前に丸善があったが、タイプライター用紙もろくに揃えていなかった。大阪には会社や学校も数多くあったが、おそらくどこかから納めさせて、個人で買う人はほとんどいなかったのだと思われる。その代り電気製品の店は非常に多かった。だから私はこれはとんだ所に来てしまったとも思った。京都はこれよりはましであったろう。

ともかく来てしまって、私は東京大学助教授から大阪大学教授になったが、その事は私の月給に何の影響も及ぼさなかった。私は前年に娘が生れてからどうもお金につまって来ていた。月給が上らなかった事を聞いて日本の人も外国の人も驚いたが、日本政府というか文部省というか大蔵省というか、誰がそうきめたのかわからないが、何か屁理屈があってそうしていたのである。いわゆる駅弁大学が沢山できていて、少しでも経費を切りつめたかったのか。入学試験問題作製にたずさわるようになると受験事業に関係するのもはばかられ、だから東京で助教授になった時予備校はやめていて、その代り津田塾大学で講師をしていたが、あまり足しにはならなかった。大阪に行ってそれもなくなり、私は窮迫しつつあったが「君子はもとより窮す」と言ってすますわけにも行かなかった。

窮していたのは私ばかりではない。さかのぼって、一九五〇年代の国立大学の教員は年齢に関係なくたいていがそうであって、その頃に書かれた文章の中には「どうしてこんな安月給で」という泣き事や苦情が多かった。日本の経済がよくなりかけたのは一九五〇年の朝鮮戦争からであるが、よくなったのは関連産業だけで、教職の国家公務員には無関係であった。

しかし戦後の窮迫はヨーロッパでもそうであった事は注意すべきであろう。たとえば戦勝国のイギリスでも、日本ほどではなくとも戦後二年ばかりは食料事情も悪かったという。ずっと後の一九六〇年代でも、私の立場に似た「一所懸命にやればやる程貧乏になり」その上大学での職の数も少なかったので、イギリスを飛び出してアメリカに来た人もある。私より若い世代でもそうであった。もっともそれは分野にもよるし、日本ほどひどかったとは思われない。

私自身の話に戻ると、大阪大学教授としての当時の私の月給は手取り四万円かそれ以下であった。三年前にパリではフランス政府から月九万フランもらっていて、それは七万円ぐらいであったと思う。ともあれ、これではどうにもならぬと思って一九六一年の春ヴェイユが来日した折、相談してみた。これが私がした一生にただ一度の就職運動である。

大阪にいる間に大阪は、いや日本中どこでもその時の私がいるべき所ではない、たとい永久的にではなくてもとにかく米国に行くべきだと思った。

私はすでに書いたように、プリンストンのアパートは暖房がととのっていて、実によい所だと思った。大阪は京都ほど寒くはないがそれでも冬の日の隙間だらけの日本家屋はかなり寒い。石油ストーブをつけて机に向って何か仕事をしていた時、寒いから足をストーブに近づけ過ぎて、靴下が焦げてしまった。その後日本のいろいろな人からなぜ米国に行ったかと聞かれる度に「寒かったから」と答えた。それをほとんどすべての人が譬喩的に取って、それはそうでもあったが、実際物理的にも寒かったのである。ついでに書くと、「寒がり」とか「暑がり」に当る短かい英語は存在しない。表現しようとすると長くなり、フランス語でも同じ事だろう。私は寒がりだが暑がりではない。

私はパリに行く前からある方向が見えていて、それがだんだんはっきりして来ていた。何をやるべきか、必要な事をパリにいた時から一九六一年までにいくつかの論文にして発表していたが、その前年に、前に書いたフリッケの群を取り扱うひとつの方法を見つけた。それを発展させて完成するには、さらに六年かかったのであるが、ともかくこんな所にいて靴下を焦がしながらやるのはいやだと思った。「バタをふんだんに使」いたくはなかったが、「暖房を心おきなくきかせたかった」のである。

ヴェイユという人は自分でも苦労した人だから、実際的な問題を扱う能力も、また影響力もあった。ともかく私の話を聞いて、結局プリンストン大学の教授の職がよかろうとすすめてくれた。もちろん大学側でもほかの数学者に聞き合わせたであろう。幸にそれまでには私はいくつか人の注目を集める論文を発表していたし、一九六一年の英文の著書もあった。当時同大学では位相幾何とか多様体の幾何、解析、確率論その他の方の人はいたが、整数論では誰もいなかった。だからその方の人をさがしていて、しかも私のように整数論に加えて代数幾何や保型形式などに通じている研究者は私のほかにはほとんどいなかったから競争はなかった。

私は米国に住みついてしまうときめていたわけではない。はじめの二年間は客員教授であった。プリンストン大学が正規にするのをためらったわけではない。「憍慢」の所で書いたように、私には自信はあったが、生活上家内がうまくやって行けるかどうか不安ではあった。何とかなるだろうとは思ったが。

私は冗談にアメリカの友人達に「僕は日本政府から流刑に処せられていて赦免状を待っているんだ」と言っていたが、赦免状に思いつくような政府でないことは確かであった。その上「他郷に老いて行く洛陽の才子」の暮しは「洛陽」よりはましであったし、見張りの番人達も大体において親切で、行動も自由であった。そのプリンストンでの流謫生活を語る前にもう一度大阪に来た時の話に戻ると、私は関西は初めてではなく、京都には何度も来ていて大阪に来た事もあったが、家内はそれ程ではなかった。ここで話を一般的にして修学旅行について注意しておこう。戦前の東京の小学校では六年生の時に担任教師附き添いで一週間ばかりの関西旅行をするのが普通であった。それだけの費用をおいそれと出せない家庭もあったから、一年生の時から積み立てるようにしていた。女学校にもあって、私の次姉は、だからそういう旅行を二回したと思う。旅行のあとは疲れ休めの休日があって、姉が一日中寝ていたのをおぼえている。もちろん附き添いの教師もくたびれたろう。東京以外の学校ではどうしていたのか、など修学旅行は興味あるテーマであるが、私はそれについて書かれた本を見たことがない。

それが戦争のため、私の二学年上ぐらいから出来なくなった。だから私は修学旅行には行かず関西に行ったのは大学に入ってからである。それから学会などで何回か京都に行っていたから、大阪で教える前に五回以上は関西に来ていた。初めて京都に来た時は土の色が黄色いのが印象的であった。関東ではいわゆる黒土で、三十センチも掘れば粘土質の赤土が現われる。防空壕をさんざん掘ったからよく知っているのである。

しかし家内はもちろん修学旅行には行かず、東京生れだから、関西に来たのは戦後八年目ぐらいが最初で、私と共に大阪に来たのがおそらく二度目の関西体験であった。阪急線の石橋の近くに大学が持っていた家を借りて住んだ。家賃が安いだけが取り柄の、ごきぶりだらけの家で、それが私の生れて始めてのごきぶり体験であった。人に住所を聞かれて石橋だと言うと「それは大そうよい所にお住まいで」などと挨拶されて返事に困ったものである。実際立派な構えの家もかなりあって、住宅地とすれば平均以上の土地であったろう。近くの風光も悪くはなかったし、季節毎にそれなりの美しさはあったから、やり方を考えて適当に生きていくときめれば、それは何とかできたかも知れないが、前に書いたような理由でそうする気にはなれなかった。

そのあたりの家庭では魚を朝買うのが習慣で、家内は東京のつもりで夕方に買いに行くと何もなかった。もっとも「お鳥目がございません」は同じ事で、売る小袖もなかったから、ろくな魚も買えなかった。たぶん小袖はおろか訪問着も持っていなかったのではないか。私はというと、いわば二君に仕えようとしていたのだから、忠臣ではなかった。

一九五〇年代からその頃にかけて夫に同伴して欧米に行く女性は例外なく訪問着を持参していて、パーティーなどではそれを着ているのが普通であった。それは洋装に自信がなかったという理由もあったろう。翌一九六二年に私達はプリンストンに行くことになり、家内はその習慣に従った方がよいのではないかと私に聞いたが、私は、その必要はなく、また実際的でないという理由を説明して、結局和服の仕度はしなかった。それでよかったのである。

ともかく行くことがきまって、これで当分日本にも帰って来られないかと思った。その頃は今のように簡単に行き来が出来なかったし、航空料金も高かったからである。それで思い立って、一九六二年の五月下旬に家内と二歳だった娘と三人で京都に行った。観光客の大勢来るような所は避けて、交通の便を考えたのだと思うが、広隆寺から始めて、大覚寺、大沢の池、天龍寺、嵐山、苔寺をめぐった。どこもひっそりとしていて私達の他には苔寺に二、三人来ていただけで、嵐山でも静かであった。これが見おさめになるかというような感傷的な気分も起らず、まずは朗らかで楽しい一日を過したのである。

十八　再びプリンストンに

ともかくその年の九月に私達はプリンストンに来た。街並は三年前とほとんど同様であった。家族連れだから自動車が必要で、それなりにいろいろ人の世話になったり、時間もかかったが、それはありきたりの事だから書くまでもない。前は高級研究所であったが、今度は大学である。その大学の事を少し書こう。

当時の教室主任はタッカーで、ムーアが一時いっしょにやっていたと思う。それがミルナーになったが、いつからそうなったかおぼえていない。しかし私にとっては誰でもよく、問題はなかった。しばらく教えてみて、学生に嫌われてはいないようだと感じた。数学科の四年生にはある題目をえらんで論文を書かせるのがきまりである。別に新しい発見がある必要はなく、知られている事実を整理して書くだけでよい。三年生でも同様な論文を書かせるが、程度が違うだけで似たような物である。どちらも学生が指導教官をえらんで題目を相談するのである。すると私をえらんで来る学生が何人もいたので、これならまあやっていけると思った。私はありきたりでない手頃な題目をいくつか持っていたし、講義などよりはそういう学生と会って話している方が好きだったのでまずうまく行って、東京や大阪よりは気分がよかったとも言える。

講義の方は一学期教えて試験をして採点する段になった。私は日本でかなり経験があったけれども、セクレタリーのひとりの所に行って採点の実例を見せてもらった。それがジニーという親切な女性で、何年かあと、数学教室の事務の切り盛りする責任者になった。この人は十八ぐらいでセクレタリーになり、ジーゲルの超越数に関する講義録（一九四九）の原稿をタイプしたのが彼女の記憶に残る仕事であった。その一冊を記念に自分の机の上の書類立てにはさんで立ててあり、私に見せてくれた。彼女がえらんだ採点の見本はタッカーので、まあ思っていた通りで、それはそれですんだ。これには後日談がある。

その二年か三年後に学位を取ったばかりの講師がいた。ある日ジニーが私を呼んでその講師の採点表を私に見せた。過半数が落第点というようなひどい物で、私に何とかならないかと言うのである。そこでその講師にあって採点の常識について説明した。彼は大いに不服であったが、何とか形はついた。この人物はあとで研究費の使い方でも変な事をやろうとして、その時の主任のスタインが同様な説得を私に頼んだことがある。非常識な人物というのは物事を自分の観点でしか見ることができず、また無知でもあるので終始一貫して非常識である。私は日本にもアメリカにも何人かそういう人を知っていて随分迷惑した。

ジニーは親切でまた皆から好かれていた。当時彼女の上役で事務を取りしきっていたアグネスはそうではなかった。私が来たばかりの時は、別の講師か助教授と一部屋を共有していて、私用の机が新たに入れてあったが、その上の電気のスタンドのコードがとどかないのである。そこでアグネスの所に行って継ぎ足しのコードが必要だと言った。すると「ああそれなら大学の売店で買えますよ」と言うではないか。いくら何でも変だと思って黙ってじっとアグネスの顔を見つめていると、やがて「じゃ調達しましょう」と言って用は足りた。

何年か後で私の同年輩の人達何人かで食事をした時この話をすると、彼女を知っていた誰かが「それがアグネス流だ」と言って笑った。意地悪で知られていたのである。

ついでに書くと、その時同室だった人物も変っていた。アメリカ人でそのような立場にある人なら「何か私に出来る事があったらどうぞおっしゃって下さい」と私に言うのが普通であるが、この人物は私にできるだけかかわり合いになりたくないという感じで実に変であった。それが私に対してだけではなく、そういう性格の人だという事は何年かたって人から聞いた。

一般にアメリカのセクレタリーとか図書館のあるレベル以上の人は職業的によく訓練されていて、大体において有能な人が多い。ジニーはその上頭もよくて、こちらの言う事をすぐ理解して聞きかえすことは全くなかった。ボスのような人はたいていそうで、下の方はそうでもないことがある。

大学での話はこのぐらいにして、日常生活について肝心な点をひとつ書かなければならない。つまり暮し向きが日本とくらべてどう変ったかである。簡単に言えば、月末になって足りなくなることを心配しなくてよくなったのである。も少し具体的に書けば、一九六三年に娘の為に三輪車を買ったが、その価格は私の手取り月給（税金、家賃、保険その他を差引いた残り）の七十分の一ぐらいであったと思う。だから、もちろん大金持ではないが、その程度の買物にいちいち気を使う必要はなくなったのである。

少し気分を変えて別の事を書こう。日本人は若く見られるというのは本当で、私など何度もその経験があった。プリンストンに来た翌年の秋の頃の話である。その頃の数学教室の建物は三階建で下の二階がオフィスや教室になっていて、最上階は図書室になっていた。隣の建物はパーマーと言って物理教室があり、二階に通路があって数学の建物に通じていた。パーマーの教室で講義をすることもあった。どういう理由でかパーマーの入口の内側に守衛がいた。ある日私がその入口から入って行くと、その男が「おい、この建物は新入生は入ってはいけないことになっているんだぞ」と言ったのである。おそらく私があまり若く見えたから、からかったのだろう。私を学生だと思っていたことは確かである。私は「へえそうかね。でも僕はこれでも二年目なんだ」と答えてやった。それは本当の事であった。

新入生のことで思い出すもうひとつの話を書く。私は六十九歳で退職したがこれはその少し前頃の事である。数学教室は一九六九年に新しい建物に移った。図書室の前はかなりの広さのホールになっていて、机が置いてありコンピューターもその上にあって学生が使えるようになっている。そのホールは通路でもあって、ある日私はそこを歩いていた。帰りがけの途中だったのである。すると一人の学生が走って来て私を呼び止めた。わからない事があるから教えてほしいと言う。「君は私を誰だか知っているのですか」と尋ねると「いや知りません。私は新入生で物理の教科書を読んでいるのですが、わからない所があって苦しんでいて、ふと見上げてあなたを見たら何となく教えてくれる人のように思ったから呼び止めたのです。」思わず笑い出してしまったが、とにかくその教科書の問題の点を示させた。偏微分の記号についての大した事ではなく、そのホールには黒板もあるからそこで説明した。「こんな学校に入ってよかった」と思ってくれたかどうかはわからない。今度は私は若くは見られず「教えてくれそうな人」に見えたわけである。

数学の仕事の方は大体プランがあってそのように進めていて、出来た事を少しずつ論文にして発表していた。それぞれの結果は悪くはなかったが、前に書いたフリッケの群の場合が出来なかった。ここで、問題を簡単に説明するために、その群を高次元の場合に拡張した物があることを注意して、それをジーゲルの群と呼ぼう。群そのものが問題ではなく、ある対称空間とその群から生ずる代数的多様体が問題なのである。これについて私がいかに考えたかを英文で説明した物があるが、それを訳す気にもならないので簡単な概要を記す。

フリッケの群の場合を取り扱うアイディアは一九六〇年秋に東京にいた頃に持っていた。プリンストンに来た翌年一九六三年の夏にコロラド州のボウルダーのコロラド大学に行き、その町に二個月近く滞在した。八月にその大学である学会があり、その講演者のひとりになったのであるが、その前に大学で何回か話して、その他は自由にしてよいという親切な申出があった。コロラド大学にはチャウラがいて、プリンストン高級研究所のセルバーグが彼と連絡して世話してくれたのだと記憶している。

そこにいる間に、ジーゲルの群をあるユニタリー群に埋め込んで、多様体の方も同様に埋め込めるという事実を発見した。埋め込みの方法が無数にあって、一九六五年の秋の初めに、その無数の埋め込みを使えば望んでいる最善の結果がフリッケの群に附属する代数曲線について得られることがわかった。この結果はヴェイユ六十歳に捧げる論文にした。一方その中のジーゲルの群に関する部分で代数曲線に無関係な部分は、ジーゲル七十歳記念論文集への寄稿を頼まれたのでそこに送った。頼まれたのは一九六五年九月頃である。

一九六七年の初めには両論文は印刷されていて、ヴェイユに捧げた論文の別刷をジーゲルに送った。彼はゲッティンゲン大学をその前の年に退職していた。さて一九六七年五月十五日付の彼の手紙を次に訳す。

親愛なる志村教授

世界一周の長い旅行の後、私はゲッティンゲンに帰って来て、あなたのアナルズの論文（つまりヴェイユに捧げた論文）とまたあなたが御親切に私の七十歳記念に捧げて下さった論文とを見ました。

私はあなたの御好意に対して心からの感謝をお送り致します。私は今両論文を学び始めています。どちらも整数論的かつ解析的な見地からみて著しく興味があるように思われます。

ヒルベルトモジュラー関数と類体論についてのヘッケの初期の仕事が後世の数学者によって続けられなかったことを私は長年残念に思っていました。私はあなたが最近の論文で、この方向にいかに多くをなしとげたかを拝見して嬉しく存じております。

もうひとつのあなたの論文で、私がシンプレクティック幾何学についての論文で私が導入した群（上でジーゲルの群と呼んだもの）について、決定的な結果を得られた事を非常に喜んでおります。

あなたのこれまでの仕事の成功に対して最上の祝意を表し、また将来に対して最上のお祈りを呈する次第です。

カール・ルトヴィヒ・ジーゲル

私は自分の仕事には自信があったが、こういう反応があるとは期待していなかったので嬉しかったのは事実である。ところが手放しで嬉しがるわけにはいかない問題がある。ジーゲルとは一九五八年の六月に私がゲッティンゲン大学で一時間の講演をした時に会っている。その講演の中で、前に書いたポアンカレの群から生ずる代数曲線が有理係数の方程式で書けるということを注意した。証明したのでなく話の最後につけ加えたのである。すると聴衆の中にいたジーゲルが、「今あなたはこういう意味の事を言ったが、その通りか」とたずねるので、その通りだと言ってその理由を説明しかけると、それをさえぎって、つまり「イエスかノーか」と迫った。そこでイエスと言って、それでおしまいになった。

ジーゲルはその後で「あんなのは信用できない」とある人に語った。一九七〇年のメリランドでの学会でその人から聞いた。つまり、そんな事が証明できるとはジーゲルにはとても思えなかったのである。それ以来私は論文が出来る毎に彼に別刷を送っていたから、私がどの程度の研究者であるかはもちろん知っていた筈である。それはともかくとして、この手紙の書き方は、どうも彼は私の結果の一番肝心な点を理解していなかったのではないかと私に思わせるのである。

私のヴェイユに捧げた論文の中のフリッケの群に関する部分は、ジーゲルの言うように、ヘッケの仕事を続けただけではなく、実は「ヘッケに死後の恥をかかせた」のであるが、その点に注目できなかったのは、ジーゲルの限界を示すと言うことは許されるであろう。

私はジーゲルに会ったすぐあとマルブルクでアイヒラーに会い、それ以来アイヒラーと親しく文通していた。一九六六年元日の私宛の手紙で、彼もジーゲル記念論文集に寄稿を頼まれたが、「それを書くのに苦闘した」と書いている。それに続けて「ジーゲルはどの論文も面白く思わないだろう」と言っている。アイヒラーは「ジーゲルは若い世代から忘れられているという被害意識を持っていた」とある時私に語って、それはその通りであったと思われるから、私が彼に捧げる論文が彼を喜ばせたのは本当であろう。実際、一九六八年の彼の論文で、私の論文を四つ挙げて「志村の深い(tiefliegend)結果」と言っている。いわばそれが彼の私に対する公式の挨拶であったと見られる。私の「ゲッティンゲンでの講演の結果を認めます」という意味にもなっている。

それだけきちんとした言明はあまりない。私はジーゲルのような被害意識はないが、私の仕事をよく理解している人が少ないとはずっとそう思っていて、それはその通りだったとはっきり言える。上にあげたアイヒラー、ジーゲル、ヴェイユのほかにシュヴァレーは理解していてくれて、それで十分であると思っていた。それでも無理解の示し方では面白くないと思ったことはある。

一九六七年六月下旬から一個月ばかり家族連れでチューリッヒにいた。そこにはよく知られた研究所があり、バーゼルにいたアイヒラーがあっせんしてくれたのである。その町の西の方の住宅地のアパートに住んだ。スイスは小さな国だからチューリッヒからひと晩泊りでたいていの所に行けたので、週末を利用して大いに楽しんだ。その頃は旅行者も今ほど多くなかったから、ホテルも予約せず、着いた鉄道の駅の案内所で適当な所が容易に見つけられた。今は無理だろう。

当時の研究所の教授はエックマンとチャンドラセカランで、後者が私の世話役であった。彼は解析的整数論の研究者で、自分を大物だと思っている型の人物であった。ところがどうも冷淡で、私に講演させるわけでもなく、いわば士を遇するにおいて大いに欠ける所があった。アイヒラーとかヴェイユから私のことは聞いていたと思うのであるが。ジーゲルの手紙にある私の二論文はおそらく彼の理解を超えていたのであろう。

そこにいる間に自分の仕事はしたし、バーゼルに行ってアイヒラーに会ったり、また観光の方は楽しかったが、だんだんいやになって予定を切り上げてプリンストンに帰ってしまった。私は何も言わなかったが、こちらの気分がわかったらしく、その後一九七八年にヘルシンキの学会で会った時、「あの頃はあなたをうまく待遇できなくて失礼した」という意味の事を言った。私が意地悪な人間だったら「私はあなたと全く同意見であることを喜びとする」ぐらい言ったかも知れないが、私はせいぜいそんなせりふをあとで思いつく程度である。まあどうでもよいとも言えるが、私は小僧っ子ではなかったのだから常識に従ったやり方があったとだけ注意しておく。

ただ私の仕事がなぜ上にあげた数人の人には理解出来て、それ以外の人に理解出来なかったかという事は説明の必要がある。まず数学者なら誰でも知っている問題で、これまで解決されていなかったものを解決すると、それは誰でも理解出来て評価される。その問題の解決が必ずしも重要でなくてもである。つまり長い間出来なかったのは難しいからで、そういう難しい問題を解くことはすばらしいという考え方である。実は、出来てもそれほど、いや全く重要でない、という場合もあるにもかかわらず、誰にも理解出来るから賞讃されるのである。

私のやったのはそれとは全然違う。私の仕事の「ヘッケに死後の恥をかかせた」部分は、第一問題そのものが誰も考えていなかったから当然そんな結果は誰も予想していなかった。私自身も一九六五年の秋にようやく発見できたくらいであるから、出来てみれば非常に自然ではあるが、理解するには相当のレベルの知識と歴史的なパースペクティブが必要であった。だから理解出来なかったのはチャンドラセカランだけではない。私は十年ぐらい後に冗談のように「当時のアメリカ国籍の数学者で私のその仕事を理解した人はひとりもいなかっただろう」とあるアメリカ国籍の数学者に言ったことがある。すると「それはその通りだろう」という返事があった。

これと多少関係あることをひとつ書くと、私の仕事が一般に理解されなかったにもかかわらず、私は随分人から嫉妬された。私ぐらい嫉妬された数学者はいないのではないかとさえ思うことがある。これは私の被害妄想ではなく、具体的に書こうとすればいくらでも書けるが、それはしない方がよいにきまっている。ただ一般論を書く。

嫉妬する人間というのは心の中で嫉妬心を燃やしていて、それはこちらにはわからない。それをある日突然こちらに向って発散させるのである。ふしぎであるが嫉妬心という物はそうである。私の行為というよりは私の存在がしゃくにさわるらしい。私の仕事と全く無関係の分野の人でもそうなのである。競争心の強い人の場合が多いが、そうでなく、自分を大物だと思っている場合とか、フラストレイションがあるとかいろいろあって簡単でない。私の仕事を理解している場合とそうでない場合と両方ある。こちらが愉快でないことだけは確かである。大した事ではないとは言い切れない。その人物と正常な関係を保ちにくくなるからで、そうするにはこちらが努力しなければならない。

理解の問題に戻ると、それは数学者の意識の低さの問題でもあって、その一例を私の仕事とは無関係に説明してみよう。まずヴェイユの「基礎の数論」と訳せる題の本があることを注意する。一九六七年刊で類体論その他の知られた結果を整理した教科書であって、何も新しい結果は含まれていない。さて一九七〇年頃アラン・ベイカーというイギリスの数学者がプリンストンに来ていた。彼は超越数の研究者である。この人があるパーティーでヴェイユに向ってその本にその題をつけるのはおかしいと盛んに抗議していた。つまりその題は「数論を学ぶ者は誰でも知っているべき」と自然にとられるが、そうではないからけしからんと言ったのである。

ベイカーはおそらく、いや確実に、類体論もその意義についても無知であった。だから彼は自分の無知を指摘されたように思ったのである。彼はガウスの一八〇一年の有名な整数論の書のあることは知っていたであろう。ヴェイユの書は、いや類体論は、そのガウスの書の（全部ではないが）自然な発展になっているのであるが、その事を彼は理解できなかったのである。その程度の人が大勢いるのだから、私の仕事を理解できない人がいても驚くこともない。

私のやろうとしていた事は一九六七年に出した論文で一段落ついたが、それを高次元の場合に拡張したり、また使い易い形に定式化するためにしばらく時間がかかった。その後同じ方向にいろいろ重要な問題があることはわかっていて、少しやりかけたがそれを続けるのがだんだんいやになって来た。また私の仕事を見てその問題を知る数学者も出て来た。そこで方向を変えようという気が起ったのである。その頃の事情を説明する手紙を一九九三年七月にある数学者に英文で書いた。その重要な部分をここに訳す。

「この問題の……の場合は、ある型のアーベル多様体の数を数えることになり、それは一般の場合にも原則的にはそうなのですが、私がその種の数学を楽しまないだろうと予測できました。その上私はほかにいろいろな問題に興味を持っていました。半整数の重さのモジュラー形式がそのひとつですが、アーベル積分の周期も一九五五年以来頭にあった問題です。だから私の余生をアーベル多様体の勘定をして送る代りに新しい事をしようときめたのです。それにラングランズがこの問題に興味を持つようになり、私の使命は果されたと考えました。

私は最も一般的な場合に正確な予想をしなかったけれども、それが最も重要なことだとは思っていません。広大な研究領域があり、そこで実際興味ある定理が証明できることをトリビアルでない場合に取り扱って示すことの方がはるかに重要です。私は実際そうした事を誇りとするものです。」

ところで、問題の多様体を志村多様体と呼んだのはラングランズであると思われるが、彼が私の論文をはっきり挙げて引用したことは一度もない。なぜそうしたか、興味ある読者は彼に聞いてみられたらよかろう。上の手紙は、私の一九七二年頃までの仕事を回想して書いているのである。そこに書いてあるように新しい方向に進みたかったのであって、実際進むことができた。誇張すれば私は数学者として第二の人生を始めたとも言える。主要なテーマがいくつかあって、それをからみ合わせるようにして理論を発展させていったのである。

ひとつだけ書くと、上の手紙にある「アーベル積分の周期」については、一九五五年にヴェイユが来日した折、「虚数乗法を持つアーベル多様体の第一種微分の周期はどんな数か」とたずねた。すると彼はすぐ「それは高度に超越的である」と言ってそれだけであった。彼はすくなくとも問題を理解したが彼の答が私を満足させたわけではない。これは永く私の心にあった問題であるが、一九七七年から八〇年までのいくつかの論文でほぼ満足できる形に解決した。

その後の仕事についていちいち書く必要がない事は明らかである。大学を出てから一九八〇年までで二十八年、それから今まで二十八年、仕事の密度はほぼ同じである。最後にもうひとつ書くと、二〇〇一年頃から私は全く新しい方向に進み始めた。詳しくは説明しないが、いろいろ試みてわかったのは、重要な研究分野において、すべて出来てしまったように思われて忘れられているが実はそうではなく大いに発展する可能性が残されているという事実である。私自身いくつか発見したが、まだまだある。若い世代に大いに期待したい。

私の回想にはまだ補足したい点があるので、それを次の数章に述べる。

十九　なぜあの文章を書いたか

一九八九年のロンドン数学会の会報（Bulletin）に私は「谷山豊と彼の時代、非常に個人的な回想」と題する英語の一文を発表した。私は彼と共著の一冊もあり、一時はほとんど毎日のように会っていた。しかしその期間は長くない。満三年以下であろう。はじめて知り合った時から数えても五年にはならない。私がフランスに行ってからの文通の期間をいれればも少し長くはなるが。彼は一九五八年の十一月に自ら生命を絶ち、その二週間ぐらいあとに彼の婚約者もそうしたのである。その時私はプリンストンにいて、事情は東京に帰ったあとで聞いた。委細は上記の私の文章に書いてある。

私はこの英文の一篇をなぜ書いたか。彼はすぐれた数学者であったが、彼がいかにすぐれていたかを書くのが目的であったのではない。ひとりの人間の記録とその時代を私の回想として書いた物である。その文章の附録のようにして「谷山の問題」という標題で本書の付録三に主題とした所に私の解説をつけ加えたものがあるが、それはその会報の編集者の要請があったからそうしたのである。

その本文の最後の一節に私は「彼は彼の接した人々の moral support であった」と書き、「彼の noble generosity」という表現も使っている。そういう言葉は和訳しにくい。またその一篇全体も和訳しにくいからそのままにしてあり、誰にも和訳してもらいたくない。ともあれその最後の一節は私がなぜ書いたかの公式の説明になっていて、それはその通りであるが、実はもっと直接の、なぜその時点で書いたかのわけがある。そのわけはいままで誰にも言った事はなく、またそれを説明するのは躊躇されるのであるが、思い切ってここに書く。

私は彼の婚約者を知っていたし、その事はその英文にも書いてある。また私の家内も彼をよく知っていて、私と三人で食事をしたこともある。その時私達はまだ結婚していなかった。また、その英文の中に書いてある「彼は映画の『王様と私』が好きであった」というのは彼が家内にそう話したのを使った。

さて一九八六年の十二月はじめのある晩、私は家内といつものようにふたりで食卓に向い合って食事をしていた。子供達はその時にはもううちにいなかったからふたりだけなのである。谷山の話をしていて、それは何かわけがあったのだが今では思い出せない。食事も終り話がとぎれたが私はまだ彼の事を考えていた。ところが突然涙が出て来ておさえられず頬に流れた。すると家内がそれに気がつき「どうしたの」とたずねたが私は答えられなかった。家内は席を立って私の側に来て私の背に手を掛けたがやがて自分の椅子に戻って坐り、私と同じように涙を流しはじめた。私達はふたり向い合い黙って泣いていたのである。

なぜ泣いたか。私達は谷山がかわいそうでたまらなかったのである。「かわいそう」と言うほかによい表現がないのでそう言う。私はその翌日から何かに駆り立てられるような気持であの文章を書きはじめ十日ぐらいで第一稿を書き上げた。こうしてあの一文が出来上ったので、だから「彼がかわいそうだったから書いたのだ」と言える。これは理解できない人の方が多いかも知れない。またあの英文を読んでいない人にはこの説明は不用かも知れない。それならそれで仕方がないが、私にはこれ以上書けない。私達に関する事実のみを書いた。

二十　所かわれば

フランスを皮切にしていろいろな国に行った。フランスについてはもういくらか書いたが、その他の国々の印象をこの章に書く。その前にフランスでの話をいくつかつけ加える。

パリ市内や郊外の名所にはたいてい行ったし、ロワール地方の城館めぐりもした。その中でヴェルサイユはどうも感心しなかった。趣味の問題でもあるが、まあその時代の記念物であるとしてすませておけばよい。ルーヴルは昔は何でも整理されずにぎっしりと並べてあった。円筒印章が何百何千といくつものケースに入れてあるだけで説明もなく押型の見本もなかった。宗教画でもそうで、誰か殉教したセイントの処刑の場面の同じようなのをあきる程何枚も並べてあった。今は整理されて陳列品も少なくなっているが、昔のをもう一度見たい気もする。

ルーヴルの北側にルーヴル・デ・ザンティケールという骨董屋が何十軒も入っている建物が出来てからはそこによく行った。もっともニューヨークなどよりずっと高いから、私はそこでひやかすだけで、買ったのは古伊万里の小鉢ひとつだけである。

私はデコラティブ・アートが好きなのでそれを集めた美術館とかセーヴルの陶器美術館に行った。後者にはイズニックの皿の第一級のコレクションがある。その美術館で、数日前にある骨董屋で見たコーヒーカップと同じ品のしかも欠けたのをれいれいしく飾ってあるのを見て、ああ買えばよかったかなと思ったり、そんな事にはむきにならぬ方がよいと自分に言い聞かせたりした。

一九八七年にはイタリー広場の近くのアパートを借りて二個月住んだ。毎朝飲むコーヒーカップがあまりひどかったので買う事にしてリュ・ド・パラディという通りに食器を売る店が並んで何軒もあるのでそこに行ったがどうも気にいったのがない。ここで一般的に言うとフランスは（と言うよりおそらくヨーロッパ全体か世界どの国でも）ひどく保守的なのである。十八世紀にフランスでも磁器の製造が始まったが、大体花模様とか小枝を皿いちめんに散らすとか、あるきまった型があり、それを今日まで踏襲して来ていて、何か新しく大胆に変える気がないのである。日本でもアメリカでも女性向けのパジャマなどは小さい花を散らしたようなのが多く、その型の装飾を私は「ねまき趣味」と呼んでいるが、フランスの食器はそのねまき趣味なのである。それしか売っていない、と言うよりそれしか売れないのであろう。

その種の保守性は絵画でもそうで、印象派の画家が苦労したのは当り前の話であった。私達のコーヒーカップは、まあがまんできるのを、そういうフランスの保守性に対する私達の戦いの敗北の記念物だと思って買った。つまり美術の展覧会などとは無関係な大衆の趣味の世界があって、その懸隔の程度はフランスの方が日本より大きいかも知れない。

そのアパートにいた時、近所に魚屋が何軒もあって生うにを手に入れたりした。ある朝家内が「ちょっとラファイエットに行って来ます」と言うのを聞き流して気にもとめないでいた。ラファイエットはオペラの北側にあるパリで一番大きいデパートでイタリー広場からは地下鉄で乗換なしで行ける。やがて買って帰って来た物は鰹を胴でまっぷたつにした頭の方であった。そのデパートの最上階に売っていたというのである。日本のデパートのように地下ではない。今度はフランスのお鳥目があったから買えたので、いわば大阪の敵（かたき）をパリで討ったようなものである。アパートにミシンがあったので、家内は小袖は売らなかったが、ラファイエットのそばのブシャラという店で布地や型紙を買って何か縫っていた。

パリとかイタリアの有名観光都市ではひったくりなどの犯罪が多いことはよく知られている。私達もそのアパートにいた頃何回かその目にあった。一回は家内が地下鉄の駅で切符を買う為に財布から札を出そうとしているとその財布をひったくられたのである。その上男はエスカレーターに乗ろうとしたが前に人がいたので思うように進めなかった。その財布をこれ見よがしに頭の上にかざしていたので、家内は追いつき飛びついて財布をひったくり返してそれですんでしまった。もう一回は私が同様に額の大きな札を出している所をひったくられて、それは逃げられてしまった。まだほかにも取られそうになったこともあるが、私達の実質的被害はその札だけであった。

パリに一九五七年にはじめて来た時に戻って、その翌年の三月にふと思い立って夜行列車でスイスに行ってみた。ジュネーブに行く日本の知人二人がいてさそわれたのである。ジュネーブで別れ、あとはひとりでローザンヌ、それから普通の観光客のようにユングフラウヨッホに行った。まだ雪の深い頃で登山電車の客は私のほかに何人もいなかった。水曜の晩に発って日曜の朝に帰って来るという短い旅で、また主としてフランス語を話す地方だったので、食事の仕方などパリとは多少違ってはいたけれども、特に変った印象は持たなかった。

その次は同じ年の六月にまずドイツに行き、ミュンスター、ゲッティンゲン、マルブルクの各大学でそれぞれ一時間ずつ講演をした。ジーゲルとアイヒラーと会った事は書いた。またフランクフルトのレストランでの話はこの途中でのことである。そのあとハイデルベルク、チューリッヒ、ルガノなど観光旅行してからミラノに行った。ルガノにはホテルが何十とあって、駅前に客引の番頭がいる所など日本の温泉地同様であり、私はそのひとりにつかまったのである。

ミラノには知人がいたので、その人のすすめたプランでひとりでトリノとベルガモに行き、そのあといっしょに、パドバ、ベニス、ローマ、ナポリなどを廻った。前に書いた

（七章）　ポンペイでの話はこの時の事である。そのあとミラノに帰り、そこからマルセーユをへてパリに帰った。ほぼ二十日間の旅で、イタリア各都市では普通の観光客が行くような所を一通り眺めたわけである。表通りはどこも立派でミラノなどはヨーロッパ第一級の都市であったのだろうが、裏通りはパリ同様、と言うか、パリより汚らしい所があった。フローレンスに行かなかったのは旅程の都合がうまく行かなかったからであろう。

八月中頃に前に書いたようにエジンバラで国際数学者会議があって、その町の個人の住宅に宿舎をとった。ある朝小雨が降っていてレインコートを着て出かける時、私はルガノで買ったばかりの皮の書類入れを持っていた。するとその家の女主人が「鞄はいたまないようにレインコートの中に入れて抱えなければいけません」と私を叱った。朝食はパンと紅茶、それに一匹の尾頭付きの魚が出たりしてちょっと変っていた。

この学会のあと、日本人A氏O氏のふたりと共にインヴァネスに行きそこからスカイ島などを旅行した。帰りにフォート・ウィリアムからグラスゴーまでの鉄道を予定していたら、「日曜だから動いていない」と言われてバスに乗った。その時はちょっと変な国だなと思った。いくつかの国を廻ってそれぞれの国の特徴や欠点はあったが非常に変だという感じは持たなかった。

ここで話を一般的にすると、よく日本人がイギリスやフランスに行って来て、「あちらでは……、それに引きかえ日本では……」と言うのを聞くが、そういうのはまあ「そう言えばそうも言える」程度の事であって、あまりまともに取り上げない方がよい。日常的生活の面を平均して考えれば、日本は住み易いよい国である。考え方にもよるが、その意味ではおそらくヨーロッパのどの国よりもアメリカよりもよい国だろう。ただし書きはいくらでもつけられるが、外国を理想化するのは間違いである。どこかに模範にするような国があると思うのは、私の子供の頃の理想の小学校よりもさらに滑稽である。

前に書いたようにチューリッヒでアパートを借りた時、家主がどこかに出す書類の中に「どの教会に属しているか」という項目があった。仏教徒としておいてそれですんだが、江戸時代の宗門人別帳のような話である。私がはじめてフランスに行った頃は大学の学生や研究者でもカソリック信徒が多かった。あとで書くようにトルコに何度も行った。知識人でない街の人と親しくなって話していると、「私は神を信じている。あなたももちろんそうでしょうね」と言う。「ええそうです。しかし私の神様はあなたのとはたぶん違うでしょう」と答えると変な顔をしている。そういう宗教の力の強さは驚くべきであり、それはまた種々の矛盾をひき起す。米国でも選挙になると候補者が「私は神を信ずる」というのを宣伝したり、「あいつは不信者だ」というのを攻撃文句に使う。

日本ではそういう事はない。神社仏閣はあり信仰もあるが、それがそういう影響力を及ぼすことはほとんどない。日本人は自由に考えている。その自由さを「いいかげんで、まともに神あるいは信仰と対決しない」などと愚劣な事を言う者がいるがそれは無視してよい。「対決したければどうぞ」と言っておけばよい。その意味では日本は非常によい国である。

も少し気楽な話にすると、一九五〇年代に外国旅行をする日本人は写真機を持っている人とそうでない人と半々の感じであった。まともな中級写真機の価格は私の東大助教授の月給の二倍ぐらいであった。そのせいではないが、私はその頃は持っていず、残っている写真は誰か同行者に撮ってもらった物ばかりである。私が人並に写真機を持つようになったのは一九六〇年である。日本人以外の外国旅行者はどうかというと、当時は日本人ほど持っていなかったように思われる。今はだいぶ変ったが、日本人ほどカメラ好きではないだろう。

さて一九六六年八月にモスクワで国際数学者会議があった。そこで私はヴェイユに献呈した論文の内容を講演したのであるが、この時私はソヴィエトロシアというのは実に変でいやな国だと思った。まず全講演論文集というのが二百頁ばかりで、これは他の国の場合の三分の一以下である。それから私の論文の校正刷九頁を送って来たから校正を施して送り返すと、それを勝手に削って短くし、さらに間違いだらけにしてしまったのである。自分の国の威信を示す気などは全くない。校正後に削るというのは私に関する限りこの時の他にはない。

街全体も貧しく、デパートに行ってもまともな商品がない。六歳の娘を連れていたから、

モスクワの遊園地にて。1966 年 8 月。

遊園地があると聞いて地下鉄に乗ってそこまで行ってみた。あることはあったが客は私達のほかには誰もいなかった。ドルショップはあるが普通の市民とは無関係である。

ところで問題はソ連がそんなにひどい国であるとはたいていの日本人は知らなかったのではないかということである。スターリンがいかに悪い事をしたかはすでにうすうす伝わっていたから非常によい国だとは思っていなかっただろう。しかしソ連を弁護する連中は大勢いた。

その国では地図が手に入らない。地図があっても嘘が記してある。ある町が川の東にあったり西にあったりする。わざとそうしていたのである。いったい自分の国の地図を秘密にしなければならない国がろくな国であるはずがない。それを奇妙な言い方で弁護した日本の評論家がいた。その国に行って自分の目で見て、それでもまだそうなのである。

この一九六六年の時はモスクワのメトロポーリという由緒はあるが旧式きわまるホテルに泊って、食事でいやな思いはしなかったが、それは外国人であったからである。もっとも勘定はいつも合っていなかった。ごまかすのではなく、いいかげんなのである。鍵番が各階毎にいて鍵はそこにあずけた。次に一九九一年にミンスクの学会に出席して、そのあとレニングラード(今のサンクト・ペテルブルク)に行った。この時いろいろ変な話があって全部は書き切れないから少し抜き出してみよう。

ミンスクには、家内を連れて行っていたからスウィートの大きな部屋をあてがわれた。

冷蔵庫付の台所もあり、広い居間と書斎とトイレが二つあるという、アパートとして使える物であった。ところが五月下旬でも寒くて暖房がきかず、レインコートをふとんの上に掛けて寝た。温湯は出ないから風呂に入れない。モスクワの飛行場で折りたたみの傘をなくして雨も降っていたので頼むと、ドルショップに連れて行ってくれた。十ドルばかりで買う。市民はそこでは買えない。どうするかというと売出しがあった時に並んで買うらしい。実際シーツを売っていて八十人ばかり並んでいた。生鮮野菜でもそうである。キャベツやトマトにも四十人ぐらい並んでいた。

参加者のある人がミンスクからモスクワへ小包を送るのを見についていった。私はその必要がなかったけれども興味があったからである。郵便局に行って木の箱を買う。物を入れてから蓋をして釘を打つ。紐をかけて何か蠟状の物質で封をして印を押す。金槌がふたつしかないので順番を待っている。

一九六六年のメトロポーリではキャビアとシャンペンの夕食が普通であった。前菜と飲物でメニューにある物を択ぶと自然にそうなるので誰もがそうしていて、値段も高くなく、特にぜいたくではなかった。ミンスクではそんな物はない。毎日きゅうりのサラダでキリギリス並である。トマトはない。フランス語がメニューについているが注文すると予期している物と違う。一食毎に驚きがあって楽しみだ、とも言えない。

レニングラードでは古いホテルに泊った。外国の観光客は新しいホテルに泊る。そこの方が食事がよいというので行ってみると、十ドル払えばお仕着せのメニューのチキン・キロフだけだが、まあましの物を食べさせる。当時一ドルは十八ルーブルで、街の中では「ドル買おう」が大勢いて「一ドルは四十ルーブルだぞ」と言うが取り合わなかった。観光バスの切符を買いに行くと外国人はドルで払えと高いことを言う。私は学会の参加者でロシアの政府からルーブルをもらっているのだと書類を見せると、しぶしぶルーブルで安くしてくれた。

レニングラードではアンドリヤノフが世話をしてくれて、自分のアパートに夕食に呼んでくれた。ミンスクのホテルのスウィートよりはずっとせまい。月給は八百ルーブルぐらいだと言った。一九七四年にアメリカに行った時、政府が七ドルくれたそうである。冷蔵庫はナショナル、カメラはニコン、カラーテレビはＮＥＣのを持っていた。アメリカとかドイツに行った時に何とか手に入れたらしい。レニングラードのホテルは六晩で六百七十八ルーブルであった。これは朝食は入っていたと思う。

ロシアの話はこの辺でやめるが、つけ加えると、その年の中にソヴィエトは崩壊してイエリツィンが天下を取ったのである。一般的に言えば、個人は親切にしてくれたが、それだけでは何ともならない。

一九八四年六月に私は中国に行った。その何年も前から私は中国人数学者何人かと知り合いになっていて、その世話で行くことになったのである。六月二日にニューヨークをたち、東京経由で六月三日の夕方に北京についた。中国は一度は行ってみたいと思っていたし、当地の数学者達も親切にしてくれたのでその点はよかったけれども、これは大変な国だという印象が強く残ったのである。

北京のホテルは、各階に鍵番がいる事や、つくりなどすべてロシア風で旧式であった。食事は中国風である。外国人用と国内用の紙幣が二通りある。小型テレビの価格は工場労働者の月給の五倍ぐらいだがほとんどすべての家庭にあるという。自転車は速度を変えられない原始的なものばかりだが、新式のもやっと出始めたそうである。大学の建物は古くて汚らしくて一九五〇年代の東大と似たような物であった。自動車道にろばが荷車を引いてゆっくり行く。庭掃除とか道路工事など大勢の人力に頼っている。

六月十二日に西安に行き秦始皇帝の兵馬俑など普通の観光地に行った。北京にくらべるとずっと貧しい感じである。道路わきに坐って野菜を地面に並べて売っているが、全部売っても大したことはないような分量である。北京では三匹のろばが大きな荷車を引いていたがここではたいてい一匹が小さな車を引いている。

十四日夜西安から寝台車に乗って上海に行く。十五日午後十時十五分に上海に着く。汽車は際限のない平原をゆっくり走って行き、あまり変化はないが、南の方になると池や水牛が多くなる。中国の汽車は軟座車と硬座車の二階級で、待合室は軟座車の客だけである。私と通訳兼案内人は軟である。差別するのは私の責任ではないが、何となく居心地が悪い。

痰を吐くなという注意書が至る所に貼ってある。しかし老人が吐いているのを一回見ただけであった。例の岳飛の墓のそばの秦檜の像の上にもその注意書があった。タクシーを頼むのにその時の案内の係が英語を使わず中国語でしたので、見くびられて自動車の代りにオートバイの後ろにほろのついた三人掛けの車がついたのがやって来た。そんなのに乗ったのは後にも先にもその時限りであったが、そのおかげかどうか外国人でない中国人並の観光をすることが出来て、中々面白かった。

西安と上海では講演の後学生数人と話したが、どうも知識と興味の範囲が狭い。リー群も代数関数論も知らない。上海の大学の書店に行ってみる。米国留学試験の英語の受験参考書が沢山ある。中国古典はいちおう揃っていて新刊書もある。しかし外国語の本はほとんどない。

上海版というのを思い出した。欧米の科学書の海賊版のことで、写真複製の印刷は鮮明ではなかったが役には立った。私の一高時代には大いに利用した。神田の内山書店に売っていることもあった。本当に上海で作っていた可能性は大きい。当時、つまり一九三〇―四〇年代に日本のほかにどれだけ需要があったのか。中国の国内ではどうであったのか。現在は作っていないであろう。それはともかく、今の中国の学生が欧米の数学書の新刊を中国で手に入れることは難しいように思われる。

六月二十二日に上海から東京に帰って来た。私個人とすれば楽しい旅であったと言えるが、至る所で見たあの国の貧しさと後進性は私の気分を実に複雑なものにした。私自身が貧困の体験者であったからでもある。それから二十三年、どうなっているか私は知らないが、私の勘では、たとえば数学者があの国でまともな待遇を受けていて、よい環境にいるとは思われないのである。

トルコは好きで家内同伴で五回行った。もっともその中一回はあとで書くイランに行く途中でイスタンブールに半日いただけであるが。最初は一九八七年で、パリに二個月いた時春休みを利用して六日間ばかりイスタンブールに行った。前から一度行きたいと思っていて、パリからは三時間ばかりなので、ホテルだけ予約してともかく行ってみた。ついてからは自分で見物に行く場所をきめた。できればそうするのが私のやり方で、だから家内は「三食昼寝ガイド付き」である。期待に違わず、と言うより期待以上の面白い国であった。

観光案内に書いてある名所はこの時以後何回かのイスタンブール訪問でほとんどすべて行った。その中で案内書には書いてないことをいくつか注意しよう。ゴールデン・ホルンという大きな入江があって、そこにガラタという有名な橋がかかっている。上は車が通るが下は歩いて渡れるようになっていてレストランもある。午前中から魚を焼いていて食べて行けと言う。まだ早いからと言って通り過ぎると、後から「バカヤロ、バカヤロ」と呼びかける。こちらは吹き出しながら逃げる。

この橋のすぐ南にイェニ・ジャミ（ニュー・モスク）というかなり大きなモスクがある。第一級ではないがそれなりの風情のあるモスクである。そのモスクの中に橋の側（つまり北側）の入口から入って中を拝観する。その反対側の南口から出ることが出来て、出た所は小さな広場である。そのまわりに花とか小動物を売る店や茶店があって露天市場になっている。始めて来た時、その薄暗いモスクを北から南に通り抜けて出た場所に思いもよらず現れたこの明るく親しみ深い広場の意外性は強く忘れられない印象を残した。その後何回かイスタンブールを訪れたが、その度毎に必ずイェニ・ジャミを通り抜けてこの小さな広場に来るのを楽しみにしたのである。その広場を囲む建物はスパイス・バザーと言って香辛料、雑穀、台所用品などを売る商店街であって、これはよく知られている。

イスタンブール市内でマルマラ海に面してクム・カプという地区がある。海岸には漁船が碇泊していて、海岸から北に少し入ると中心に噴水のある小さな広場があり、そのまわりに魚料理のレストランが何軒もある。ホテルから十分も歩けば行けたので、よく食べに行った。夕方の裏通りを歩いて行くと、小さなモスクの裏の墓地が通りに接していて、トルコ風の墓石が並んでいる。男達が集まってドミノらしき遊びをしているのがその店の窓越しに見える。何となく雑然として貧相だが、ある家庭的な雰囲気があって、その感じが私の幼少時代の牛込を思い起させた。食べるのが目的だけれども、そんな裏町の気分が好きで歩いて行ったとも言える。

見物はいちおう目あてのモスクとか宮殿があってそこに歩いたりタクシーで行くのであるが、五月の事で、ちょうどその季節であったのか、牛や羊の市をあちこちで見かけた。イスタンブールの外でも街の中の広場でもやっていた。何百頭とまではいかないが中々の壮観であった。

一九九二年にはトルコにいた友人の世話でアンカラのある大学で講義することになり、二個月住んだ。インフレがひどいので物価が十日毎に変る。マロン・グラッセを売る菓子屋があり、プリンストンの何分の一かの値段であったが、次に買いに行くと高くなっていた。それでも大したことではない。ドルで考えれば変っていないわけである。レストランの表にメニューが出ているのはフランスと同じであるが、その値段も変る。ある時メニューが出ていなかったので閉めたのかと思ったらそうではなく、書きかえる暇がなかったのであった。

プリンストンに帰る前に小包を送るために郵便局に行くと、やり方がミンスクのに似ていた。木箱ではなくプラスティックの箱が用意してあり、それに荷物を入れて適当に封をするのであったがともかく無事に届いた。

アンカラからかなり遠くの黒海沿岸の街トラブゾンなどにも行ってみた。これは紀元前から開けた古い都市で、そこから西南五十キロばかりはなれた山の中腹に有名な僧院の遺跡があり、そこに自動車をやとって行ってみた。アンカラ周辺とは違って湿潤な土地で樹木がよく生い茂っている。そんな渓谷ぞいの道路を行くと羊の大群を連れた牧人が現れて、自動車を停めなければならない。そういうのに何度も出会った。

トラブゾンの街ではいくつか面白い経験をした。そのひとつを書くと、道ばたで二人の男が我々夫婦をちらちら見ては何か議論している。やがて一人がやって来て「どこの国から来たか」とトルコ語で聞く。その頃は少しトルコ語を話せたので日本人だと答えると、「どうだ、言った通りだろう」と勝ち誇った調子で相手に言っている。つまり我々の素性について賭けでもしたらしい。

トルコではどこの街にいてもお祈りの時間を知らせる言葉が近くのモスクのミナレットから聞えて来る。テープにしてあるのを使っていると思われるが、なかなか音楽的で私も家内も聞くのが好きであった。私はフランスのカソリックの教会の建物よりはモスクの方がずっと好きである。教会の方は冷たい感じだが、モスクは絨緞が敷いてあって暖かみがあり、そこでごろりと横になって昼寝してもよいような感じになる。もちろん教義は問題にしない。しかしトルコの知識人はお祈りの知らせなど聞くとやはり複雑な感情を抱くらしい。私は外国人だから気楽で無責任な事を言っていられる。

そうは言うものの外国人の目で見て気になった事があった。未成年者の靴みがきの数の多さである。イスタンブールはもとより一九九二年のアンカラにもかなりいた。みがく台には一定の型があって、イスタンブールではそれを専門に売る店に少年が買いに来ているのを見た。それこそ無責任な言い方をすれば、法律で禁止するか義務教育年限を長くしたらよかろうと思うが、それもできなかったのだろう。今はどうなっているだろうか。

アンカラでは腕輪、ネックレス、ブローチなどの金製品を売る店が二十軒ばかり並んでいる一画があった。皆間口の狭い小さな店で、電灯をいくつもつけ、きらきら光らせて目立つようにしている。何かおみやげでも、と入ってみると、店は違っても商品はほとんど同じである。それでもかすかな違いはあるので何軒か入った後で択んで買うと、秤に掛けて重さで値段をきめる。似たような店が並んでいる所はレバノンのベイルートやトリポリでも見たから、中近東いったい同型式の店があると想像される。アパートの掃除のおばさんなど金の腕輪をしている女性は多い。つまり銀行預金などせず、金製品を財産として持っているらしい。だから商売が成り立つわけである。もっと高級な店は目抜きの大通りにあって性格が違う。

キプロス島の北のトルコ側にも行って歌劇オテロの城など名所見物をした。キレニヤという港町のホテルに泊った時、偶然結婚式が行われているのを見た。式と言うより挨拶の集りと言った方がよい。ホテルのロビーに続く広間の真中に新郎新婦が並んで立っていて、その前に祝意を述べる（と思われる）客が長い列を作っているのである。私達は後の方で見ていたが、なかなか終らないので立ち去ることにした。

その前にアンカラの南の方に旅行した時、ある町で婚礼の行列に出会った。すると向うからバスがやって来て行列の前で止った。降りて来たのは二十人ばかりの女子高校生らしき一団で、それが新郎新婦を輪になって取り巻き、歌を唱ってダンスを始めたのである。ひとしきり唱って踊ってからまたバスに乗って行ってしまった。

レバノンには二〇〇〇年と二〇〇四年に二度行った。特徴のある複雑な国で簡単には説明できない。モスクはあるが上流階級は関係なく、欧米で教育を受ける。トルコもそうだが、それよりもその傾向が甚だしい。ベイルートはかつてはその美しさをうたわれた国際都市であった。内戦のあと復旧に努力して、ある程度成功した所を見せてもらったがこれからどうなることやら。

どちらの時もベイルートの大学の近くのホテルを世話してもらった。二〇〇〇年の時は出来たばかりで、朝食は近くのレストランでしてくれというのである。歩いて三分ばかりの場所で、それで用は足りたが、日曜にはそこはしまっていた。ホテルでたずねると、もう少し先にある一軒はあいているはずだ、と言うから行ってみた。たしかにあいていたので入って席を取り、コーヒーとクロワッサンを注文するとコーヒーは出来るが、クロワッサンの方は鍵の掛った部屋にあって、今その鍵の保管者がいないと言う。こちらが変な顔をしていると、考えて「そこのスーパーにあると思うから買って来る」と言って出て行き、しばらくして買って帰って来て私達の朝食はすんだ。「今買って来るから」というのはトラブゾンでもあった。

クロワッサンはベイルートのような都市では珍しくないが、地方ではそうでないと思われる。レバノンの普通の家庭の朝食はフラット・ブレッド（ギョウザの皮を大きくしたようなもの）である。

新聞はヘラルド・トリビューンのヨーロッパ版を道端の売店で買っていた。ところがある日買ってホテルに帰ってよく見ると、何と前の日の物であった。そんな事はパリではあり得ないがベイルートでは起るのである。

ベイルートからシリヤのダマスカスにも行ってみた。見物している限りではそれなりに面白い国である。

私の訪れた国はまだ他にもある。オランダ、ベルギー、北欧諸国など。その中で特に親しみ深く思われたのはフィンランドで、ラジオの放送をホテルで聞いていると、音のひびきが日本語に近いように感じられた。ポルトガルにはひとりで一九七〇年に行き、それがよかったので二〇〇二年に家内と一緒に行った。リスボンの東百五十キロ程の所にエボラという古い町がある。そこの一番大きい教会の中に人骨で作った壁の礼拝堂があって、その入口の上部に「我々ここにある骨は汝のを待っている」ときざんである。二度目に行った時に案内人に「前に来た時それを読んだからまた来た」と言ったら大いに喜んだ。それはともかく、人骨を積んだ所はほかにもあり、日本人の感覚とはかなり違う。

外国の話のしめくくりはイランにしよう。一九九四年にテヘランでイラン数学会の年会があり、それに出席した。前から親しくしていたイラン出身のアメリカ数学者が世話してくれたのである。三月二十二日にたって翌日イスタンブール着、そこで前からのトルコの友人と会って昼食。それから夜おそくたって翌二十四日早朝テヘラン着。六時間後に国内線に乗ってイスファハンに午前十時半につき、そこのホテルに入ったのであるが、さすがに疲れた。学会はテヘランであるが、その前に観光旅行をすすめられたのである。

土地の新年でホテルにその飾り付けがしてあった。東京で言えば四月下旬の陽気である。町の中を川が流れていて、その河原が広い草原になっていて道路からすぐ入れる。家族連れで自動車で来て道路わきに停めて草原で食事している。コンロ持参で何か肉を焼いているが、お祈りの時間なので、夫婦でひれ伏して礼拝している。ときどき妻が頭を少し上げて肉をひっくり返してまたひれ伏す。食事がすんで家族全部で毛布をかぶって道路わきに寝ているのもある。自動車のプレートの数字はアラビア風である。

イスファハンの中の主要な観光の対象は皆見たがそれは書かない。まずは一見の価値のある都市である。イスファハンを見れば世界の半分を見た事になるそうで、それは「日光を見ぬ中は結構と言うな」のような語呂合わせらしい。私は世界の四分の一ぐらいは見た感じであった。

三月二十七日夕方にテヘランに行く。翌日から学会である。私はその日の午後と次の日の午前とふたつの講演をした。毎日最初の講演の前にイラン国旗がはためいている光景を

映写して、テープで国歌らしき曲を流す。全員起立である。

タクシーに乗ると運転手が日本で働いていたと言うのがいる。そのほかテレビで「おしん」を見てあれはよかったと言うのが何人もいた。タクシーにはメーターがなく、二千リヤルとか四千リヤルとか大体の見当で言う。

三月三十一日にテヘランをたち、イスタンブール経由で帰りは順調であった。イランにいる間中ホテルの自室以外では家内はレインコートを着て頭はスカーフでおおっていた。食事の時もそうであった。帰る前の晩にホテルのレストランで食べていると、客は私達だけで給仕が何人も寄って来た。「イランは好きか」と聞くから家内が「好きだけど、こんなレインコートを着てるのがいやだ」と答えると、「もう少しのしんぼうさ、飛行機に乗るまでの」などと言う。「日本に行って働きたいがどうだろう」と聞くから「どうかな、今はちょっと難しいんじゃないかな」と答える。会話は英語である。

ここに前頁の写真の説明を入れる。これはテヘランの南端にある有名な回教聖徒（西暦八六三年没）の廟で、テヘラン市中で最も重要な礼拝の地とされている。しかし外国人観光客はめったに訪れず、また英文のガイドブックにも出ていない。ここではレインコートやスカーフではだめで、家内は写真のようなガウンを入口で借りて着たのである。

ヴィザを得るためにワシントンまで行かなければならず、面倒であったが、今まで行った国の中では最も異国的で興味深い場所であった。不愉快な目にはあわなかったが、どうも「ずれている」と言うのが当っているだろう。

帰って来て三個月ぐらいして、プリンストンでイランの若い女性と話す機会があった。その人も、イランでは「おしん」が人気であって、日本は「おしんの国」と呼ばれていると言った。マホメットの若くして死んだ娘の命日にイランテレビが理想の女性像を若い女達に聞くと、ひとりは「マホメットの娘」をあげる。次は「おしん」と言う。あとでテレビ局の関係者が皆罰せられたという、嘘か本当かわからないような話を聞かされた。ホメイニが「おしんは親の言う事をきかぬからけしからん」と言ったとも伝えられている。

外国の話はこれで終りにする。観光旅行は夏休みを利用して日本の各地に行ったこともある。たとえば北海道をレンタカーで廻ってみた。風景はカナダに似た場所もある。アメリカやカナダの自動車旅行では大体の見当をつけて、夕方六時頃にモーテルにつくようにしていたから、北海道でもそのようにホテルを予約した。ところが思ったより土地が狭くてたいてい四時前にホテルに着いてしまった。それでも別に困るわけではない。しかし、日本では当然の事ながら意外性はほとんどない。後から「バカヤロ」と呼びかけたり「今買って来るから」と言ったりはしない。せいぜい、思いがけない花が満開であったりする程度である。それでも「おやこれは」と思ったことはある。

一九八九年に高野山に行った時は山上に旅館はなく、宿坊のひとつに泊った。若い僧が部屋に来て宿泊料の他に「お布施を」と言うのでそれは断った。「翌朝お勤めがあって説教があるからどうぞ」と言うから、それも聞き流した。何となくある勘が働いたのである。夜中にうるさいので起きて行ってみると麻雀部屋があってそこの騒ぎなのであった。案の定というわけで、それがどう片がついたか忘れたが、翌朝出立する時にその坊主が平身低頭してあやまって、おわびのしるしにと安物のタオル一枚をよこした。

箱根の富士屋ホテルでは朝食にフィンガーボールがついたのにはびっくりした。一九九五年のことである。

一九八五年に平戸島に行った時、ホテルの番頭が私達を部屋に案内する途中で「何晩目ですか」と聞いた。そんな質問はその時以外どこでもされた事はない。新婚旅行だと思って聞いたのだろうと解釈することにきめて、それ以来友人にもそう話している。

二十一　ユー・ウィル・ファインド・アウト

プリンストンに二度目に来た一九六二年の秋のある日、たぶん誰かの家でのパーティーで私はヴェイユに次のように語った。

「誰でも第一級の数学者になろうと思うなら、その人は徐々に自分の水準を高めて行き、四十か四十五歳位にある高さに達し、その後はその水準をできるだけ長く保持するように努力すべきであり、またそれができる筈である。それが私の理想である。」

そして彼の意見を求めた。ところが彼は"You will find out."と言ってそれだけであった。その言葉の意味は色々のニュアンスがあるが、直訳は「君は発見するであろう」となる。だからこの場合「そうであるかないかがいずれわかるだろう」と取るのが普通で、「できるものならやってごらん」または「そんな事はわしにはわからんよ」とも解され、すくなくとも「それはよい考えだ」にはならない。はっきり言えば逃口上である。

その後一九八〇年頃この事を持ち出してみたところ、彼もおぼえていた。私は彼の答が否定的に受け取られたと言うと、「いや、否定的に言ったのではない。例のハーディーの言った「数学は若者のゲーム」だという意見はナンセンスだ」と答えた。

しかし私は、ヴェイユはうまく言い抜けたが、実際一九六二年に彼がそう思っていたとは考えられない。当時彼は五十六歳で、「私の理想」を聞いて、やや複雑な気持になったのではないか。はっきりそう思っていたのならその時にそう言えばよかったからである。

これと直接の関係はないが思い出す事がある。一九六八年頃にヘルマン・ヴァイルの全集が出た。それを見ると、彼が書かなくてもいいような些末な論文を晩年にかなり書いているのを発見して大いに驚いた。そのことをヴェイユに話すと「ヴァイルは自分流に世間に役立とうとしていたんだろう」と答えた。これも間違ってはいないかも知れないが、やはり逃げている感じがある。私は年寄りの無能と尊大に対してどうしても辛辣になってしまうので、それについてはもう随分書いたからこれ以上は書かない。例外をひとつ書くと、ジーゲルは尊大にもならず、晩年まできちんとした数学をやっていた。

しかし、前の問題に戻ると、実はヴェイユよりはハーディーに問題があり、それは書かなくてはならない。ハーディーが言った言葉は次の通りである。

「いかなる数学者も、数学は他のいかなる芸術または科学にもまして、若者のゲームであるという事を忘れてはならない」。彼の原文は、どうしてこのようにまわりくどく書かなければならないのかという変な文章である。単に「忘れてはならない」と書いたが「自分自身に忘れることを許してはならぬ」となっている。

彼が、「自分にとっては数学は若者のゲームである」と言うのはかまわないが、「いかなる数学者も」と言うのは余計なお世話である。この点で彼は完全に間違っている。

これは彼の『一数学者の弁明』という小冊子で彼が六十三歳の時、彼の数学者としての生涯は終ったと思っていて、実際そうであった時に書かれた。だから彼は自分の数学者として活動できなくなった理由に、そういう一般的原理をこさえて、そのせいにしたのである。これについての他の数学者の意見はあまり聞かないが、彼の共同研究者であったリトルウッドはおそらく「何をぬかすか」と思っていたとしても間違いはなかろう。彼はハーディーのように気取った人間ではなかったらしい。

その弁明はいかにも自分が正直な告白をしているかのように書かれていて、そこに書かれている限りではそうであるかも知れないが、私は彼にいくつかの感心できない点を発見した。ここには書かない。

しかし、それより私に気になる事がある。その弁明と弁明の前に附してあるスノウの解説文を読むと、ハーディーはつねに自分が数学者として「どのくらいえらいか」を気にしていた。これは異常である。リトルウッドはおそらく気にしていなかったであろうし、それが普通である。気にしても何にもならない。これはほとんど人の生れつきと育ちによるもので、あとからではどうにもならないその人の性格であるから、不幸な生れつきと言うより仕方がない。

ついでに書くと、その小冊子の中でハーディーは「中学では」（六章）の章に書いたホグベンに言及している。これはホグベンの書がいかにはやったかを示している。それ以上の意味はない。

「私の理想」に戻ると、そのように思っていたのはその通りであるが、私が実際「みつけた」あるいは「わかった」のは少し違う。むしろ、「進歩し続ける」と言うべきであったし、幸にして私はそうすることができたと思っている。

作曲家を例にとれば、モツァルトはあの短い一生の間にもはっきりした進歩がある。画家でも小説家でも例はいくらでもある。だから数学者が進歩し続けることを理想にすることとは自然であるがひとつ違った点がある。作曲家、画家、小説家は大衆を相手にしているから売れなければ食えないし、また結局は大衆の評価が重要である。ところが数学者や科学者で若い頃に名を成すとその後は何もしないで、その名前をぶらさげて余生を送るという人は多い。

画家に例を取るとたとえばルドンは始め薄気味の悪い妖怪のようなのを黒白で描いていて、あまり大衆にうけなかったが、財産がいくらかあったのでそれでも困らなかった。しかしある時から収入の道がとだえたので、もっと色彩豊かな花の絵を描き出して、それが大いに流行した。これは進歩か退歩か。それまでとは違った新しい方向に進んだのだから、私はやはりこれを進歩と呼びたい。

実際、数学でも若い時にある仕事をして学位を取り、職業的数学者になると、その後その狭い範囲で仕事をし続けるという人は非常に多い。それはその人がしたいようにしているのだから、私は「いかなる数学者も……」などと言わないし、「私の理想」を人におしつける気もない。しかし、「もう少し気分をかえて色々な事をやってみたらよいのに」と思うのは事実である。

だいぶ前に私より若い人に「十年も何かやったら、そんな問題は人にゆずり渡してしまって別の事をやった方がいいですよ」と言ったことがある。それはふと口をついて出た言葉で、その人はたぶん自分の仕事をまだ十年とやってはいなかったと思う。

プリンストンで大学院の学生が私に言った言葉がある。「あなたは人に向ってこうしたらいいんじゃないかと弱々しく言うがそれではだめだ。こうせよともっと強く言わなければ人はその気にならない」。

それは人によるだろう。それはそれとして私はこのように考える。才能というものはたしかにある。しかしそれよりも人の性向、心の向きの力の方が大きいのではないか。固定観念を捨てて自由になれるかどうかは才能というより心の向きの問題であろう。

二十二　向う側

我が生涯の最良の日というのは当らないが、その日すぐに、またはあとで思い出してああ本当に楽しかったと思う日がいくつかある。そのうちで変ったのを書いてみよう。

私が大学にまだいた頃か卒業してすぐの頃の話である。野村万蔵の一門の冠者会という狂言の会があった。いわゆる「狂言づくし」で能の入らない狂言だけを演じて見せるのである。万蔵がたぶん五十代で、その子息の万之丞・万作はまだ太良・次朗と呼ばれていた。毎年春に一回やるので、若手のおさらい会のような意味があったのかも知れない。私の兄がどこからか切符を手に入れて来て、染井の能楽堂に見に行った。少なくとも三回、つまり三年はつづけて行ったと思う。脇役（ワキ）の佐野平六とか和田喜太郎といった人達もしっかりしていたし、どれもよかった。だから私は万蔵のほとんど絶頂期の芸を見たわけである。

毎回五番ずつであったが、ある年は十番やった。そのうち五番は素人で狂言を習っていた人達と玄人が共演したようにおぼえている。すべて見事な出来であった。私は狂言が好きで、あれは日本演劇の洗練の極だと思っているが、それを一度に十番も見る事ができたのだから、実に嬉しく楽しかった。私も若くて印象も新鮮だったのだろう。そんな日はその後二度と来なかった。

これとは違った型の楽しさもあった。私がプリンストン大学に職を持ったのは一九六二年のことで、その翌年一九六三年の夏にコロラド州のボウルダーを訪れてその事情は前に書いた。当時娘が三歳、家族三人で行った。東部とは違ったいろいろの経験をした。週末にはロッキー山脈国立公園に行く。そのほか、四千メートル以上の高峰で頂上近くまで車で行けるのがあるので、そのいくつかに実際頂上まで行ったりした。

とにかく夏を楽しく過して秋からはプリンストンで講義をする。大学のオフィスに行って机に向っていると夏のことが思い出されてくる。ああ楽しかったなあと思っていると、そこで机に向って何かしているのが馬鹿馬鹿しく思えて来たのである。だからといってどうするわけにもいかない。それは私の生れてはじめての体験であった。コロラドの体験を言うのではない。そのように前の事を思い出して現在をつまらなく思っているという経験はそれまではなかったのである。

一九六〇年代前半の米国は私にとっては黄金時代で、あとから考えてみて、きらきら輝いていたようにさえ思われる。プリンストンからボウルダーまで車を走らせて行くのに五日かかった。途中のモーテルで食事をしているとアメリカ人の旅行客が寄って来ていろいろ話しかける。その頃は娘も小さくかわいらしく見えたということもあったろう。非常に親しげで、いずれアメリカ人になるつもりかと聞く。それが一度や二度ではなかった。

　私にはその頃のアメリカの方が今ほどせち辛くなくて余裕があったように感じられるが、それは私のような身分の者だけの話で、あまり一般化はできない。

　こんな話を書くのには理由がある。それは、まず私は数学をやろうと言うような人間だからいつも何か考えている。それは数学だけのことではなく何か考えて心を働かせている。その一方、何の屈託もなく楽しそうにしている、いや実際に楽しく、私が考えているようなことは考えずにいる人達がある。

　その人達を向う側の人と呼び、私自身の世界をこちら側と呼ぼう。これを正確に定義することは難しい。また定義する必要もない。これから書く事で大体曖昧にではあるが判断できるだろう。向う側の人達も苦労はないわけはないが、私の苦労とは質の違うものであって、その意味でより幸福なのだ。そしてそれを私は観察しているのだから「観る者」と「観られる者」の違いと言ってもよい。向う側に対する羨望はあるけれども、その羨望が主要因子ではない。しかもなお向う側に行けるなら行きたいと思っている。ひとつ重要な点は向う側の人は私の考えているようなことは考えていないのである。

　とにかく私は十代の終りの頃からそんな事を考えていた。強く意識してではないが。それがコロラドに行く途中の話のような体験をする。その後カナダに行った時にも同じような事がある。私達が幸福にひたり切っている家族のように見えたらしい。そうすると、私も遂に向う側の人間になったのかと思った。観られている者という意味ではそうである。なり切れてはいないのかも知れないが、向う側の人間になった事にしておいた方がよさそうである。

しかし思い起せば、私の幼年時に、扉を開けて庭に招き入れてくれた若い女の人から見れば、私達子供は向う側の存在だったのであろうか。いや、そうではなく、その女性も子供達も、のちの私にとってはすべて向う側の住人であったとすべきであろう。

パリ市内にビュット・ショモンという公園がある。ここには普通の観光客はあまり行かない。他の公園にくらべると地勢に起伏があり、小山の頂上から急な石段を降りて来ると池に出る。そこには渡し舟があって追手を逃れる愛人達を助けて乗せようという風情である。広い芝生や花壇もあるが、全体の構想はヨーロッパには珍しい型で、私はパリに初めて行った時、その公園の雰囲気が好きで何度も行き、十五フランの渡し賃を払って渡し舟に乗ったりした。ついでに書くと、パリの地下鉄の運賃は市中全線二十フラン均一であった。

しかし公園にひとりでいるというのは何となく物足りない感じがある。だから結婚したらいつか一緒にこの公園に来ようと思った。ほかの場所ではだめで、その公園にである。

パリにいる間に縁談を持ちかけられた事が三度ある。ひとりはフランス人で、その人ともうひとりとは会っているが、あとのひとりは話だけで会っていない。どれもその気になれず、いわばその公園に行き、渡し舟に乗って一緒に逃げる気にならなかったわけである。

それから八年後一九六六年にパリに家内や娘と共に数日間過したことがあった。予定通りビュット・ショモンに行った。そこには昔通り渡し舟があり（今はおそらくない）私達はそれに乗ったのである。夏の末の晴れた一日を楽しく過して、ともあれ「昔の夢を実現した」のだが、もっと強い満足感があってよいはずなのに、という気分があった。

その後考えてみると、コロラドに行って強烈な印象を持ったあとの事だったから「二番せんじ」にしかならなかったのである。それとも、その渡し舟は私の潜在意識の中で、私を「向う側」に渡してくれる乗物のシンボルであったのかも知れない。とすれば、コロラドの経験はそれを不必要にしてしまったのであろう。

そんな私の思いも知らずに家内は、公園の入口近くのレストランでの昼食のコキユ・サンジャック（帆立貝）はよかったと後々までそればかり何度もくり返して言った。

付録一　方程式を解くとは

数学は計算術であると教える方も教わる方も思っているから、種々の誤解と教育上の困難が生ずる。それについては「教える身になって」の章でいくらか書いたが、そこに書かなかった重要な原理をここで説明する。

東京大学の入学試験の採点をしていた時の話である。ある数値を求める問題を解くのに、いくつかの条件から出発して方程式をたてる。それを変形して計算すると途中にある式の平方根が現れる。最後にひとつの数値が出る。そこである答案にこう書いてあった。「この値は根号の中を負にしないから、求める数値である。」

この答え方は正しくない。求められた数値がはじめに与えられた条件を満たす事を言わなければならないのに、それを言っていない。ただ、それをしないですむ場合がふたつある。簡単のために、はじめの条件が正しく、方程式をたてたり、その変形の計算がすべて正しいとしよう。

甲。その計算の過程がすべて可逆的である場合。

乙。問題の数値が必ず存在することが明らかで、しかもただひとつである場合。または
そのような定理に帰せられる場合。

いずれの場合にも根号の中の正負は問題にならない。複素数で考えてすべての計算が正しいこともあり得るからである。別の簡単な例で説明してみよう。三変数の連立一次方程式を解いて、解、つまり三個の数の組がただひとつ出て来たとする。それが解であると言うのは厳密に言えば正しくない。もとの連立一次方程式をその数値の組が満たすことを示さなければならない。それをしないですむ場合がある。一次方程式の数が三個ならよろしい。その場合には、「ただ一組出て来たならそれが解である」という一般的事実があるからである。これは乙の特別な場合である。一次方程式の数が四個なら、そのうちの三つを使って解いても、それをはじめの四個の方程式を満たす解にはできない場合が多いのは明らかである。

くどいようであるが、一般的にしてもう一度説明しよう。普通、方程式を解く、あるいは何かある条件を満たす解を求めるのに、普通やっている議論は
「解があるとすれば、それはこれこれ（一個でも何個でも）以外にはない」
ということだけである。「これこれ」が本当に求める解であることを示すには、最初に戻って条件を満たすことを確かめなければならない。それをしなくてよい場合が上記の甲と乙である。乙では解の個数がひとつでない場合もあり、その時はよく調べなければならな

い。

この最初に戻るという原則は非常に重要で、何度もくり返し教えて徹底させるべきである。これにくらべれば「根号の中の正負」などはどうでもよい。

付録二　知の継承が生む創造力

昔から「日本人はまねはうまいが、創造力に乏しい」とよく言われる。特に、自然科学の分野では、今日でも著名な学者たちがそう言っている。

果たしてそうだろうか。私はその逆に、日本人は世界で最も創造力に富む国民の中に入るのではないかと思う。歴史的にみて、欧米の科学知識を吸収するのに多くの労苦と時間を要したのは当然であって、それを前提として考えると、日本の科学者たちは実によくやっている。

科学というのは、多くの人の業績の積み重ねであって、「ゼロからの出発」はあり得ない。私の専門は数学だが、過去五十年間にわたる日本の数学者たちの創造的な貢献は目覚ましく、何ら恥ずべきものもない。

にもかかわらず、常に、その反対が叫ばれるのはなぜか。恐らく、明治以後の日本の進歩と発展に驚いた欧米人が、日本人を全面的に称賛したくなかったために、ケチを付けようと「まねは上手だが……」と言ったのが発端ではないだろうか。

そして、その言葉を日本人の劣等感と欧米崇拝が、甘受してきた大きな理由と思う。また、欧米人に比べると日本人は宣伝が下手で、しかも、一般的に言って同国人の仕事（業績）を認めたがらないといった気質も加わっているのだろう。

もし、本当に日本人が創造力に乏しいというのなら、それを証明して欲しいものである。私にとって不可解なのは、著名な学者までが自国民をけなしている態度である。

考えてもみよ。世界のどこにそんなことを言って喜んでいる国があるか。その上、以前からこの問題を教育方法と結びつけて論じる人がいるが、そこに大きな危険が潜んでいることを指摘したい。

「丸暗記を廃して思考力を高めよ」というスローガンに反対する理由もないが、それを叫ぶのはほとんど無意味である。特に、そこから「教える分量を減らせ」という結論を引き出すのは誤りだ。

それを論ずる前に、まず科学のある重要な考え方は、その創始者にとっては多大な努力の後の到達点であっても、次の世代にとってはそれが当たり前の常識になって、次の発展の母胎になるという事実を忘れてはならない。それは研究者の間だけに当てはまるものではなく、一般社会においてもそうである。例えば、毎日接する「降水確率」に使われている確率という概念がよい例である。

そう考えてみると、確率ばかりではなく、教えられるべき事実や概念の分量は多く、それはますます増えていくだろう。もちろん古くて重要性を失ったものは切り捨てて、新しいものと置き換えられるべきだが、その作業は専門教育でも一般教育でも慎重に行われなければならない。大学生の学力低下は現実に起きているのである。

付け加えると、まねが上手なのは良いことで、それもできないようでは何もできない。「まねは上手だが創造力はない」などと、それこそ人の口まねのようなことを言うのはやめて欲しいものである。まして、それを教育方法、特に、教える分量に結びつけるのは実に愚劣だ。

はじめに戻って欧米人について言うと、彼らの中には、日本人のまねをして、あたかも自分の独創のように上手に宣伝するものがいる。いまもって、彼らが全体としてそうした卑劣な能力を失ったわけではないから、日本人の仕事が公平に評価されていると思ってはならない。

だから宣伝上手になれとは言わないが、若き世代への私の忠言は、いかなる研究も中途半端にせず、どうしても認めさせずにはおかない水準にまで徹底的にやれということである。創造はしばしば徹底から生まれ、そしてまた、若き諸君にはそれができるはずなのである。

（読売新聞二〇〇一年十一月八日論点）

私がこの読売新聞の記事を書いた直接の動機は次の通りである。その前年にノーベル化学賞を受けた日本人科学者の言葉が毎日新聞二〇〇一年八月二十日にのった。その中に次のような文がある。

「日本人の社会は目標がある場合、うまく機能するんです。戦後、経済成長できたのはその例だと思います。まねて応用するのは得意で、世界でトップになれる。けれどゼロから何かをつくり出すということは、これまでしていない。創造しないのです。」

この記事は短くないが、思い付きのお題目を並べていて、積極的に役に立つことは何も言っていないからこれ以上引用しない。私はその文章を有害無益であると思ったので一文を書いて毎日新聞に送ったが何の反応もない。そこで読売新聞に声をかけたところ興味を示したので結局上の記事になった。「知の継承……」という題は読売の編集部でつけたものであるがそれでよい。私の文章だけでも十分であるが、興味のある読者は毎日の記事と比較することによって、私が何を危険視しているかを更に明らかにすることができるであろう。

付録三　あの予想

　ここで「有理数体上の楕円曲線はモジュラー関数で一意化される」という私の予想について説明しておこう。これは一九六四年九月頃に私がふたりの数学者に話したもので、その事はよく知られている。この予想はその三十数年後に証明されて、今では定理になっている。

　ところで、これに関係ある言明を谷山豊がしているが、その意味と上記の私の言ったこととの関係を完全に理解している人は数学者も含めてほとんどいないのではないかと思われるので、その事を詳しく説明しよう。また私の口からはっきり言ってほしいと思っている人も多いであろう。

　楕円曲線というのはやや奇妙な言葉である。それは楕円の事ではない。二変数x、yの多項式を取りそれが0となるx、yを座標とする点は平面上の曲線を作る。その曲線の「種数」というものを定める事ができて、それは負でない整数である。さて上記の「有理数体上の楕円曲線」とは、その種数が1であり、多項式の係数がすべて有理数であり、さらに、その曲線上にx、yが有理数になる点がたしかにある、という曲線の事である。本当は射影曲線にした方がよいが、それはたいしたことではない。

なぜそのような曲線を考えるか、それにははっきりした理由がある。これを説明するのは手間がかかるので、ごく簡単に言えば、それは自然な対象であって、しばしば現れ、より一般な曲線を研究しようにも、まずそれがわかっていなければどうにもならないのである。ともかくいろいろの理由で非常に重要な対象物であるということを承知しなければ話が進まない。

実は、方程式が$y^2=x^3+ax+b$の形のものに限ってよいことが容易にわかる。ここでa、bは有理数であり、ある条件をみたす。

「一意化」という言葉を説明するために$x^2+y^2=1$という曲線を考える。これはもちろん円で、種数は0だから楕円曲線ではない。さて$x=\cos t, y=\sin t$とおいて実数tを動かすと点(x, y)はその円上にありtが動けば点は円上を動いて円上のすべての点が得られる。この事実を、円$x^2+y^2=1$は三角函数で一意化できると表現する。

「一意化」はユニフォーミゼイションの不適当な訳語だが、それを使うのが普通だから仕方がない。

円は三角函数で一意化できるが楕円曲線はどうか。それは古くから知られているように楕円関数を使えばできるが、それではまずいという理由がある。まず、有理係数の多項式で定義された曲線のゼータ関数という物があり、それをZと書こう。これは種数が1でなくても定義できて、これを研究したいという理由がある。これもやはり重要であるという事を承知してもらわなければならない。

ところで楕円曲線のZを知るのに、楕円関数で一意化することが役に立つ場合があるが、役に立たない場合の方が多い。モジュラー関数を使うとできることがある。この関数の説明は手間がかかるのでしない。ともかくそういう関数がある。

一九五四年にドイツの数学者アイヒラーが次の事を示した。モジュラー関数のある型のものを使うと、有理数体上の（種数1とは限らない）曲線でZを計算できるものが得られる、というのである。その中には楕円曲線になるものがある。

しかし、そうして得られる楕円曲線は有限個しかない。実際は有理数体上の楕円曲線は無限個あるのだから困るのであるが、モジュラー関数を使うのは正しい方向であった。

私はそこでモジュラー関数の理論をそういう数論的問題に使うためにはじめから自己流に構成した。それまでは単に解析的に定義していたものをもういちど別のやり方でやり直し、アイヒラーのより一般の場合をその方法で証明した。

それは一九五六年七月中にはできていたが、第十四章で書いたようにその概要をフランスのコント・ランデュに発表したのは一九五七年である。その後さらによく調べて、もし有理数体上の楕円曲線がモジュラー関数で一意化されるとすれば、それが上記の種数が1

より大きい曲線から、あるやり方で得られるはずであると考えた。そして実際そのやり方で種数が1以上の曲線から得られる楕円曲線のZを決定することができた。一九六四年までにはそれがわかって人に話した事があるが、それを書き上げて英文の本の中に発表したのは一九七一年の事である。

さて私の予想というのは、すべての有理数体上の楕円曲線はそのようにして得られるであろう、と言っているのである。つまり楕円曲線の作り方を示し、さらに、そのZが何であるかを言っているのである。

先に進む前にひとつ説明するとZの解析的な性質はすでにわかっている場合から考えて、かなりの程度まで推測することができる。それはそういう事を理解している人なら誰にもできてたいしたことではない。さてそういう解析的性質を持つ函数は、ある型の保型関数(正確には保型形式)と関係しているという定理を一九三六年にドイツの数学者ヘッケが示した。

その保型関数の中にはモジュラー関数も含まれている。あとで説明するようにあまりよい含まれ方ではないが。

さて谷山豊は一九五五年に問題の形で次の事を言って、それは雑誌「数学」七巻(一九五六)に書いてある。実は彼は不正確なことを言っているのであるが、それを正確な形にしたものをわかりやすく書き直すと次のようになる。

「有理数体上の楕円曲線のZは（上に説明したように）ヘッケの仕事によって彼の考えた保型形式から得られる。だからその保型形式は（微分形式と見た場合）その保型関数体の第一種微分であることは非常にたしからしい。だからその逆に有理数体上の楕円曲線のZはそういう保型形式を見つけることで決定できるであろうか。」

不正確というのは、たとえば有理数体と言うべき所を代数体と言っていて、それでは意味をなさないのでここでは書き直した。

これは非専門家が見たら重要な事を言っているように聞えるかも知れないが、それを予想と呼んだり、研究すべき方向を示しているかというと大いに問題がある。

まず上に述べたように、Zの性質を仮定すれば、ヘッケの結果によりZに対応する保型形式があるはずだという事は当り前の事で、そこまでは別に谷山の創見でも何でもない。問題はそれ以上に、保型形式と楕円曲線との結び付きについて何か意味のある事を言っているかであるが、実は何もないのである。

ヘッケの保型形式は、彼の導入したパラメータλによってその性格が異なる。まずλが2以下の場合には重さ2、つまり微分形式になるものはない。だからλは2より大きくなければならないが、その場合リーマン面はコンパクトでなく、保型関数の体は一変数の代数関数体にはならない。保型形式は重さ2であろうから、それを微分形式と見れば、コンパクトでないリーマン面上の正則な微分であることは「たしからしい」どころではなく明らかである。それを「第一種」と呼ぶかどうかは問題である。正確にするにはコンパクトにして一変数の代数関数体をつくる必要があるが、どうしたらできるのか。保型形式を見つけても、それをどうやって楕円曲線と結びつけるのか。

実はその保型形式がモジュラー形式ならば何とかなるのであるが、谷山は「モジュラー函数だけでは不十分である」と言った（上記雑誌二二八頁）。だからヘッケの保型形式を考えていたわけであるが、それは上に説明したように、取り扱いにくい物なのである。そして結局は私の言った通りモジュラー関数だけで十分であったから、彼の言明は正しくなかった。

ここで注意すると、モジュラー関数とか保型形式の理論が数学界の常識となるのは一九七二年ぐらいからである（実はそれ以前、一九六四年にウッズ・ホールで私がした講演のノートが理論の普及に役立っていたと思われる）。当時上記のヘッケの仕事とかゼータ関数の知識があり、また関心を持っていたのは、日本では谷山と私、外国ではドイリング、アイヒラー、ヴェイユぐらいで、そのなかには米国人はひとりもいなかったろう。ヴェイユですら、保型形式で考えるだけではだめだろうという意味の事を言っている（上記雑誌同頁）から彼はだいぶおくれていた。

私はこの問題に関する限り谷山と議論したことはない。はじめに書いたように私は私流の理論をひとりで構築していたから、彼のこの言明には全く重きをおいていなかった。その上、モジュラー関数以外のヘッケのいう保型形式は役に立たないと始めから考えていたから無視していた。実はそれ以外に重要な保型形式があるが、そのことはここで考えない。また私は谷山と共著の本があるが、それは全く無関係である。

もうひとつ書くと、一九五五年以後一九六〇年代にかけて、そういう代数曲線のゼータ関数を研究し、それを決定するなどという研究をしたのはおそらく私ひとりであったと思われる。谷山はそういうことはやらなかった。彼はヘッケの論文は読んでいたが、一変数の保型形式・関数の理論を自分のものにしていなかったように思われる。

だからホグベンの本が私にとって何の役にも立たなかったのに似ている。にもかかわらずホグベンをよい本だと思う人があるのはかまわない。谷山の言明はホグベンよりは高級であるが、それが誰かを刺激したことはないと思われる。

以上事実を書いた。これについて何か言ったり書いたりしようとする人は、これだけの事を知って私の仕事をしらべた上での事にしていただきたい。ついでに谷山の私への手紙あるいは私の仕事に言及した文章を読めば、よりよく理解できるであろう。

最後にもうひと言つけ加える。この予想の重要な場合が解決されたのを聞いて私がどう思ったかとたずねられた時、私は「I told you so と思った」と答えた。この言葉の普通の意味は「だから言ったじゃないか」とか「そら見たことか」であって、誰かが警告を無視して失敗した時に使う表現である。それを誰かが成功した時に使ったからジョークになっているのである。それが表向きの解釈であるが、この場合に限れば、他の人にはそう言えないのだから「そう言ったのは私だよ」という意味も含まれていると注意することは許されるであろう。

あとがき

この書の内容の大部分とそれに少しつけ加えた物を英文で書いた。だから似たような本が和文と英文と二冊あるわけだが、一方が他方の翻訳というわけではない。英文のは

The Map of my Life, Springer, 2008

ほぼ並行して書いて、英語で書き易い表現と、国語で書き易い表現と自分で楽に書けるやり方でやったから似たような事が書いてあっても少し違う。矛盾はないはずである。和文の中の日本の読者向けの部分で英文の方ではぶいた箇所があり、その逆もある。どちらにも付録があるが全然違う。どちらかと言うと数学や数学者に関する文章は英文の方に多い。だから数学的事実に興味ある読者は英文の方も読んでいただきたい。

私の数学的著作は

Collected Papers, vol. I-IV, Springer, 2002

で調べることができる。ただ単行本とある種の解説的文章は入っていないが、その全部の表は作って入れてある。日本語の共著で書いた教科書の類は入れてない。二〇〇二年以後

の私の数学の仕事はウェブで容易に調べられる。

　ここで本文を書いている中に気がついた語学的な事を書く。それだけまた別に書く機会もないと思われるからである。

　私が竹山道雄氏から習ったのはケラーのDer grüne Heinrichであった。この本は『緑のハインリッヒ』という訳本が出ていたが、この「緑の」には問題がある。その原語は英語のgreenと同じく、未経験な、うぶな、という意味で、国語の青二才の青と似ている。国語の緑には「みどりご」を除いてはその意味には使わないから、緑のハインリッヒはおかしい。

　その種の無神経な訳語はいくらもある。「魔笛」や「魔の山」の魔に対応するドイツ語のZauberは、このふたつの場合、「魔」という字の持つまがまがしさはない。魅惑とか魅力の方が近い。

　パリの凱旋門のある場所をエトワルと呼ぶが、日本語の書物ではこれを誤ってエトワールとしているのが多い。おそらく正しくエトワルとしているのは五分の一以下であろう。仏文学者や西洋史学者の著書の中にもエトワールがある。私はニュース、ハンドバック、ベットなどは日本語になっているからそれでよいと思う。イメージもまあいいだろう。しかしこのような地名は正しくエトワルとすべきであると思う。そんな学者の本を見ていたら、ノートル・ダームと書いてあった。これもダムとすべきである。「教える身になって」

の章に書いたように「正しいやり方をおぼえようという気のない」学者がいるということになる。

　しかし外国人の日本語の知識の不完全さはもっとひどいかも知れない。実際間違いだらけであるがここには書かない。それとは無関係にこちらが正しくしなければならないからである。

　語学の話はそれまでとして、文中で引いた事件の期日その他を正確にするために、筑摩書房編集部とプリンストン大学ゲスト・オリエンタル・ライブラリーから少なからぬ助力を受けた。ここに記して深く謝意を表する。

解説　きれぎれのおもいで

時枝　正

一九九一年、まだ蒸し暑い九月のプリンストン。数学科ファイン・ホール三階の談話室、午後のお茶に、私を含む大学院新入生がやって来た。初日とて十五時半きっかりに出頭してしまい、もてあまし気味だ。漸く上級生や教授たちが三々五々現れる中、日本人が一人。仙骨を帯びたとんがり頭、瘦せぎすの猫背、だぶだぶ背広、ノーネクタイ、狂言師よろしくすり足で歩く。足元の白運動靴がちぐはぐである。「志村先生でしょうか?」「はい」「新入生の時枝正と申します。お見知り置きを」「ああ、日本人の方ですか」かすれた声で応えた先生はそっぽ向き、視線だけこちらを貫いた。矩形の談話室は長辺に沿ってガラス張りで、外には、濃い緑が大樹の陰を爽やかにしていた。

あの午後以来、先生のおもいでが幾百の記憶の映像に刻まれることになるか、当時知る由もなかった。まして三十年後この解説を受け持つめぐりあわせになろうとは。映像は、箱に溜まった古写真に似て、乱雑に、それでいて一枚一枚手に取り眺めてゆくと意味ありげに、流れた歳月の遠さ、近さを感じさせる。

志村五郎は『記憶の切繪図』（筑摩書房二〇〇八年、以下「本書」）、『鳥のように』（同二〇一〇年）、自伝を二冊ものした。和文にありがちの、登場する日本人は敬称づけ、外人は呼び捨て、は彼の趣味に反する。私と交わす言文は、言は日本語、文は英語電子メイルだったけれど、メイル末尾にきまって「Goro」と署名された。そこで乾坤一擲、先生を「五郎」と呼ぶことにしよう。

「一　はじめに」の初め「時代の気分を書くことを試みた」と宣言する。それを巧くやりおおせているのが本書の Zauber（「魅惑」、二六二頁）である。

「二　切繪図の世界」は江戸いにしえから五郎幼年期までの志村家を垣間見せてくれる。それは侍の世界であり、士たる矜持は生涯の精神的柱だったようだ。彼はのべつ「寄らば斬るぞ」的気配を漂わせていた。尤も、水面下に暢気で素朴な「向う側」への憧憬（旧制高校生の口吻に倣えば Sehnsucht）がゆらめく。曾祖父の後妻が「お鳥目がございません。この小袖を売りましょう」と一枚売り、金で生きのいい鰹を衝動買いする話然り、近所の子と遊んでいるとき、和服のきれいな女性に通り向うの庭へ招き入れられた話然り。（「数学者で子供の頃木登りをしていたと書いてあるのは見た事がない」とあるが、ダイソン『宇宙をかき乱すべきか』、ちくま学芸文庫、冒頭がそう。）

それは小学校の「三　茶色のランドセル」に続き、お昼、前の席の子が振り向いて五郎の弁当箱の蓋にはりついていた人参一切れを食べにっこりした話、手工で竹ひごを豆に刺せず呪った後年、我が子と米国製組み立て玩具で遊ぶとうまく行って「子供の頃の敵を取った」話など綯いまぜ、一九三〇年代を春の霞の如く描く。絵ごころの芽生え。五二頁の写真は蓼科の林間学校へ発つ兄と父を五郎と母が見送る図だが、蓼科はのち志村夫妻が別荘——というより庵——を構え例年夏を過ごす土地になった。

「四　宇宙の構造」に至って「事物に関する私の意見感想をかなり入れた」が頭を擡げる。日本では天文や進化論が常識的に受け入れられるのに米国ではさに非ず、日本の小中高校にはプールがありふれているのに欧米では珍しい。そして天皇敵視。或る夕ファイン・ホールのエレベーター（その日は階段を昇らなかったとみえる、一七二頁）にコーン学科長が五郎と相乗りした。挨拶してもむくれて黙っている、と思いきや、藪から棒に「I hate the Emperor!」と吼えたそうな。戦争を生きながらえた人の一つの型として、不自然とはいえまい。

「五　子供の悩み」「六　中学では」の基調は、子供の頃は「はやくおとなになりたい」「子供である事は損だ」と思っていた、という告白によって奏でられる。児童心理がいろいろ記録される。曰く行楽地に行く途上、仕事をしているお百姓を見るとやましくなった

（「似たような事を今日口に出して言う子供がいたとしたら」云々は一言多い）、曰く「陽気のせいで」授業中騒いだり眠くなったりする、曰く重ねられた答案の一件。ちなみに『猫死んじゃった』は『猫ふんじゃった』でしょう？　chopsticks は英国で稀に『猫ふんじゃった』も指すが、この題であまねく知られるのは寧ろ一八八七年アレン作曲のワルツ。『七年目の浮気』のもそちらです。

も一つ――「も一つ」は五郎の書き癖――の基調は、「自由」「モダン」志向であろう（四三、四六頁も参照）。それは研究一本槍の人生に直結する。

「七　終戦前後」は貴重な歴史証言を成す。精読されたい。「八　死について」は裏打、数学術語で喩えれば双対（そうつい）である。自分の消えた世界を想像して二度恍惚とし、三度目に頭痛を催したのは、何の啓示なのか？　ところで、焼け残った煎茶器一組だが、私の婚約祝に上品な函に手ずから梱包した（竹ひごと豆の恨みにも拘らず器用だった）一組を「いわくつきのなかなかよいものです」と賜ったので、ひょっとして、と閃いたが、確かめるすべは今や失われた。

「数学は創造の学であって祖述の学でない」志村語録に冠たる寸鉄が「九　いかに学んだか」に輝く。童べの遊び声を聞くくだりが髣髴せしめるとおり、日常の患難を縫って光がさしてくる章である。「十四歳から十九歳までの四年半ぐらいは、私の数学の知識の根幹となる部分が形づくられた時期」だったのだから。惜しむらくは、大数学者の後知恵で編集されており、いかに数学に遭い方向を見出したかは秘密裏に閉ざされた。『スケッチ・ブック』が時代を仄めかす。おそらく後述の「幽霊話」と繋がっていよう。

「十　邪念と惰慢」「十一　大学の三年間」はそれぞれ旧制高校と大学時代、独り数学修行に励み教師には何も教わらなかった委細を綿々と綴る。五郎の特徴の一つ、絶対の自信と周りへの厳しい採点、が培われてゆく様子が分かる。一高の校長天野貞祐の演説ないし「近頃の年寄りはなっとらん」を見られよ。とはいえ、ドイツ語教授竹山道雄への敬慕が匂う。五郎は竹山のベストセラー『ビルマの竪琴』を敢えて読まない。読むのは『落窪物語』である。更に道元が紹介される。課外活動は金峰山単独行、電蓄作製、名曲喫茶での洋楽享受。

一章飛んで「十三　教える身になって」は教育論をぶつ。要約すれば、何が信号で何が雑音かの価値観が己と異なる衆生は済度しがたし、となろう。「いいかげん」さに我慢ならない性分がはっきり顕れている。しかし正しい価値観を体得した暁には既にできあがったも同然なのであって、それへの下拵え、思い込みの殻を割らせ覚醒に導く工夫だって教育の一端ではなかろうか？

「正しいやり方をおぼえようという気がない」ばあいは彼にも起きた。例えば、「寒がり」に当たる短い英語は存在しない、フランス語でも同じ事、と仰るのでお教えした。フランス語にはずばり frileux「寒がり」があるのだ（「暑がり」はなし）。その場は「そうですか」

と感心していたが、上梓された本書にもあてずっぽうが繰り返されている(一八七頁)。

「十二　数学者としての出発」では、字面どおり、本書も半ば過ぎていよいよ数学っぽい話が始まる。若かった五郎の喜びが行間ににじむ章だ。読者もひととき、五郎と連れ立ち、「正月[……]」の陽光にはかなり暖かい感じがある。その日ざしを浴びて雪どけの道を歩」いてみよう。

「十四　フランスでは」は放浪の記である。晩秋は陰うつで、往時のパリの建物は黒く煤けていたぶん余計印象が暗かったろう。一九九六年、私がモントリオールのポストドクへ赴く前、五郎は「あなたは向うに行くとまっ暗で泣くでしょう」とからかった。妙な言い回しだな、と当座訝ったものだが、本書一五四頁で膝を叩いた次第である。しかし五郎はフランスが性に合い、「最初に行った外国がフランスだったというのは幸いであった」「広い意味の人間の生き方暮し方、物の考え方に幅を与えてくれた」と総括する。ごけさんの寝酒もきこしめした。数学生活は「まず順調に始まった[……]私はぼんやりとあるプログラムがあって、その頃にはまだ全体が見えていたわけではなく、どうやったらできるかもわかっていなかったが、方向は見えていて、その方向に少しずつ進んでいけば何とかなると思っていた。」志村流数学へのアプローチをここに読む。

放浪記は、表には出さない(一六五、二四三頁の言葉の端以外)ものの、やはり青春記であった。実際、パリの十ヵ月間、毎週『週刊朝日』を配達されている。まめな郵送主は東京の千香子さん、将来の志村夫人。一七五頁に「この人と結婚するようになるかも知れない」と思っていて、と記すのはわけありだったのだ。

「十五　プリンストン研究所では」も、ときめく二十八—二十九歳の四季を織りなす。ただ、なぜかこの章以降高木貞治、等々人の悪口「あいつはだめだ」が回想の調べに不協和音を鳴らし始める。凡そ過去の星霜は感情を宥める効能を有するが、十五章で現在に連続する人生の段階に達したため、せっかくの効能が十四章で切れてしまったのかもしれない。

そもそも新鋭は耆宿に冷酷也。逆に「話は通じ」ていた盟友に久賀、佐武、谷山、年上の松島を数える。これら諸氏は悉く米国へ頭脳流出した（谷山は自殺）。

「十六　東京に帰って」「十七　大阪での一年」は、一旦帰国から移住まで。「お鳥目がございません」節が吟じられるのはやむをえない。さあれ、キャリアおよび生活がもうじき軌道に乗る安堵が一八三頁のお嬢ちゃんを抱いた写真に象徴される。

「十八　再びプリンストンに」の読みどころは、コロラド州での幸福な一九六三年夏、気分が幸いして完成した長年の懸案だった研究だ。二篇の論文は五郎が最重視していた数学者、ヴェイユ、ジーゲルの六十、七十の賀に捧げられた。一四一頁では数学者への道を踏み出した時期決定的だった「ひとつの仕事」に対するヴェイユの手紙が引かれたが、ここではジーゲルの手紙が載る。嬉しかったくせ、「欣喜雀躍したわけではない」「手放しで嬉しがるわけにはいかない問題がある」——「問題がある」も書き癖——ものいいをつけるのも、五郎らしい。「私の仕事をよく理解している人が少ない」と思っていて、「アイヒラー、ジーゲル、ヴェイユのほかにシュヴァレーは理解していてくれて、それで十分である」とする。専門は異なれどプリンストン大学の同僚スタインにも一目置いていたように見受けられた。André Weil as I knew him, *Notices AMS* **46** (1999) 428–433 を併せ読まれよ。

「十九　なぜあの文章を書いたか」珠玉の小品 Yutaka Taniyama and his time, *Bulletin LMS* **21** (1989) 189–196 の裏話である。合掌。

「二十　所かわれば」読み手は五郎にいざなわれフランス、ドイツ、イタリア、スコットランド、ソ連、中国、トルコ、レバノン、ポルトガル、イラン、日本をさすらう。私もトルコを旅した折、彼に勧められイェミ・ジャミから香辛料バザーへ抜ける眩しさを体験した。

「二十一　ユー・ウィル・ファインド・アウト」『一数学者の弁明』（一九四〇年）は読者の目にとまりかねぬゆえ弁明しておく。二三六頁に訳された原文は、流麗でこそあれ尋常な言い回しで、邦文の「なければならない」以上のまわりくどさはない。より本質的なのは、これが第二次大戦初期、健康を害し鬱だったハーディーが純粋数学にすがりつくように書き置いた形見だ、という事情であって、それを斟酌しつつ読めば共感せずにいられない。

「二十二　向う側」は、洞察みずみずしく、ユーモア優しい終章である。功成り名遂げた五郎は、切繪図の夢の高次元版に令夫人、令嬢を伴って回帰する。

いささか古写真をご覧に入れましょう。

五郎はプリンストン内外で英語に所謂 curmudgeon の雷名を轟かしていた（「十目の視る所、十手の指す所」、一七三頁）。しかし叱られ覚悟でつきあえば実に味のある先生だった。

香蘭で食べそびれた（一九頁）中華料理が好物で、プリンストン・ショッピングセンターの店で屢々振舞われた。必ず蝦を注文した。デザートは志村宅――というより邸――に席を移す。クリスタルの小碗に、砂糖をかけた苺が定番だった。

漢籍の造詣が玄人はだしだったのは知る人ぞ知る。邸に詣でるたび、私をペルシャ絨毯上のソファに据え、傍の卓に積んである書物のうち中華書局版の冊子若干を持ってきて広げ「訳しなさい」と命じる。句読点すらない白文、いんちきに同時翻訳してゆくと、「意外によく読めるね」煽てられることもあるが、十中八九「へー、そんな解釈するの」と野次られた。産婆が産気づいた牝虎にくしゃみさせ、拍子に仔虎が三匹生まれる話があって、くすくす笑ったら、「こういう洒落た話が分かる人はめったにいないんだなあ」と歎じた。

一九九〇年代を通じたびたび試験されたのだ。

二〇〇六年、ちくま学芸文庫が一部届いた。志村五郎『中国説話文学とその背景』、栞に「著者謹呈」とある。繙いて驚いた。十年にわたり試験された説話が三百頁強並んでいるではないか。そうそう、ここはこうとちった、あそこはああ直された。虎のくしゃみもありました。同書は無尽蔵に面白い、稀代の傑作である。日本文化のため冀う、末永く版を重ねんこと、且つ洛陽の紙価を高からしめんことを。

彼に拠れば、イギリス貴族が城館を売りに出すばあい、幽霊が棲んでいるや否やが論点になり、棲んでいると高値で売れる。数学上は嫌英だったが、幽霊度（？）の高い国だからまあ許せる、といった評を聞いた。怪談を所作入りで演じたりした。例えば女がぱっと髪を分けると脳天に口がある噺、それが禿なので、髪を分けてみせるくだりで私は笑いをこらえきれず、何が可笑しいか五郎も悟って笑うのだった。

応用数学へ転向しケンブリッヂに就職した私の考えていることに存外関心を示し、就中新しい現象の発見を嘉（よみ）した。テータ函数、メタプレクティック群を使うこつを雪の日のカフェで数時間かけて個人教授されたのも流体力学がらみである。内容の片鱗は『数学をいかに使うか』（ちくま学芸文庫、二〇一〇年）に窺える。本書七八頁、イギリスの数学には「応用数学は別として」後進性がある、との但書をあらため、ほっとした。

博士論文を指導された弟子の談では、与えられた課題を中途まで進めて報告に参じると、報告に一瞥もくれず「君はかくかくしかじかの誤りを犯したであろう」とのたまい、「障壁はこれを勉強すれば越えられる」と手書きメモ数枚を渡し、まったくそのとおりだった由。

うちは親子二代厄介になっている。母（旧姓西来路）裕子は一九五七年春の駒場で志村、谷山助手に期末試験の監督を担当された。五郎渡仏直前。私は、講筵に列しなかった代り、彼の複素解析の演習助手を務めた。奇遇とするに足りる。

マンハッタンのペンシルベニア駅、不潔、ぼろぼろ、殺風景極まる鋳鉄階段でぼやいた。「こんな国と喧嘩してなんで負けたんだ！」冗談はともかく、ジーゲルはゲッティンゲンに帰り、パリに帰りたかったヴェイユはプリンストンにて客死した。老境の五郎は結局日本が好きだった、と私は拝察する。半世紀ライフワークにいそしむ常緑の安全圏（住所Evergreen Circle）を以て「士を遇」した（二〇一頁）のは米国だったにしろ。雷ぶりも日本語でつきあう限り電圧が稍低かった。

ご機嫌伺うと、落語『寝床』の台詞「因果と達者で」とおどける。蓼科の庵に泊まった夜、志村夫妻はへいちゃらな側で私のみ蚊に喰われ弱ったが、狂言談義に夜ふかしした。うじゃうじゃ増える茸の退治を頼まれた山伏が逆に茸に退治られてしまう『くさびら』がお気に入りだった。翌朝ハイキングすがら、林間学校の遠足か、小さな女の子とすれちがった。瞬間、私の背後で「おじょうちゃん、どこのがっこう？」猫撫声がする。声の主は五郎であった。

ファイン・ホールの廊下ですれちがいざま、脈絡なく「ベートーベンみたいに論文書いちゃだめですよ」と窘められた。そのこころを問う隙もなく、「分かるでしょう？」とがぶり寄られ、「はい」と押し出し。

頻りにプリンストン郊外の骨董市へお供させ、人を教育しようとする。餐桌轉盤 lazy Susan をちょいと冷やかしたら、数年後まで「買わせりゃよかった」と呟いていた。

休暇の予定を訊かれ、ヘルシンキ大学でフィン語を履修する旨伝えた。「あんたも気が多いね」（助詞「も」は先生の漢籍や骨董に比してですか？　とは訊き返さなかった。）数年後、数学者ネヴァリンナの姓のフィン語源（<Neva「ペテルブルクをよぎるネヴァ川」<neva「沼沢」+linna「城」）が俎上にのった好機に、そう言われた、と回顧したら、「あんたなんて言葉遣いするもんか。きちんとあなたと言います」と怒られた。

寒がりは本書のライトモチーフといえる。秋の霧の中、私の許嫁と表敬訪問したことがある。研究室に請じ入れられ、五郎は暖房すぐ隣の机に、我々は革のソファ——キュッ、キュッと音がする——に腰掛けた。ところがその暖房が効くわ効くわ、離れた我々さえ汗だくになったくらい、五郎の付近は何度だったのかしら？　ナポレオンのエジプト遠征に従軍して以来真夏なお着膨れ暖炉をどんど焚いて働いた、との伝説の数学者フーリエ顔負けである。許嫁をイギリス人と診たからか、話題はなんとジェームズ・ボンドであった。

談話室に屯していると、現れて一方的に喋りだすことがままあった、例。「最近 Unabomber（郵便爆弾を方々に送った元数学者アナーキスト）がニュースになっているでしょう。でも」嘗ては化学者が胡散臭がられていた、とひとくさり。LSD を捌いて捕まった二ユーヨークのさる化学者、服役後、判事に復讐せんと、ゴディバの高価なチョコレートキャンデーの箱を仕入れ、キャンデーに毒を注射した上で判事の家へ送った。留守番の夫人が小包をほどくと美味しそうなチョコ。そこで三つつまんだ…… 帰宅した判事は昏睡状態の夫人にたまげ、救急車とパトカーに電話、夫人は胃を洗浄して助かった一方、警察は犯人を突き止めて再び逮捕に及んだ、という。――さて五郎のオチ。「だからね、チョコレートを三つも食べるなんてはしたない」

夏散策していて、「この人ったら」千香子夫人が目の前の五郎を指さして摘発なさる「アイスクリームを買って歩きながら食べるんですよ。不良ですよねえ、時枝さん」何と返事すればよいのやら。

ファッションデザイナーになってもよかった、とときどき漏らしていた。彼のデザインした柄を夫人が縫ったドレスをめでたおもいでがある。

著者略歴追補。一九三〇年二月二三日浜松生れ。博士論文を二十八指導、七〇年グッゲンハイム・フェローシップ、七七年米数学会コール賞(数論)、九一年朝日賞、九六年米数学会スティール生涯業績賞を受く。二〇一九年五月三日プリンストンにて卒。学問に於て何を成し遂げたか、概説だに挑むのは不肖の私に荷が勝つ。二十世紀後半の数論の進むべき方向を深く視透(みすか)し、次世代の数学者たちがモダンに息づき、自由に夢を見られる新天地を開いた、と形容すればお赦し願えようか。あまたの袖にふれあい、憎み憎まれた相手も寡くない。いずれにせよ本書に名ざしで登場する数学者は二〇二一年現在、ラングランズを除き、皆みまかった。疾風怒濤の一時代が流れ去り、残ったのは晴れた空である。

夏草や兵どもが夢の跡

二〇一九年六月、数学の用でプリンストンを訪れ、昼餐の後、三十年来のならいでファイン・ホール三階へ足が向いた。閑散とした談話室に入った刹那、志村先生は二度と現れないのだ、もうどこにもいないのだな、との認知がこみあげてきた。私は、人に顔を見られたくなかったから、そっぽ向き窓に面して座り、新世代の数学者たちがお茶に来るまでの二時間、外の木々の淡い緑をみつめていた。

百年先の人々の眼に『記憶の切繪図』はどう映るだろう？　数学はどう変わるだろう？

（ときえだ　ただし・スタンフォード大学数学科教授）

本書は二〇〇八年六月二十五日、筑摩書房より刊行された。

解析序説　小林龍一／廣瀬健／佐藤總夫

自然や社会を解析するための、「活きた微積分」のセンスを磨く！　差分・微分方程式までを丁寧にカバーした入門者向け学習書。（笠原晧司）

確率論の基礎概念　A・N・コルモゴロフ　坂本實訳

確率論の現代化に決定的な影響を与えた『確率論の基礎概念』に加え、有名な論文「確率論における解析的方法について」を併録。全篇新訳。

雪の結晶はなぜ六角形なのか　小林禎作

雪が降るとき、空ではどんなことが起きているのだろう。自然が作りだす美しいミクロの世界を、科学の目でのぞいてみよう。（菊池誠）

物理現象のフーリエ解析　小出昭一郎

熱・光・音の伝播から量子論まで、振動・波動にもとづく物理現象とフーリエ変換の関わりを丁寧に解説。物理学の泰斗による名教科書。（千葉逸人）

ガロワ正伝　佐々木力

最大の謎、決闘の理由がついに明かされる！　難解なガロワの数学思想をひもといた後世の数学者たちにも迫った、文庫版オリジナル書き下ろし。

ブラックホール　佐藤文隆　R・ルフィーニ

相対性理論から浮かび上がる宇宙の「穴」。星と時空の謎に挑んだ物理学者たちの奮闘の歴史と今日的課題に迫る。写真・図版多数。

はじめてのオペレーションズ・リサーチ　齊藤芳正

問題を最も効率よく解決するための科学的意思決定の手法。当初は軍事作戦計画として創案されたが、現在では経営科学等多くの分野で用いられている。

システム分析入門　齊藤芳正

意思決定の場に直面した時、問題を解決し目標を達成する多くの手段から、最適な方法を選択するための論理的思考。その技法を丁寧に解説する。

数学をいかに使うか　志村五郎

「何でも厳密に」などとは考えてはいけない」――。世界的数学者が教える「使える」数学とは。文庫版オリジナル書き下ろし。

数学をいかに教えるか　志村五郎

日米両国で長年教えてきた著者が日本の教育を斬る！　掛け算の順序問題、悪い証明と間違えやすい公式のことから外国語の教え方まで。

通信の数学的理論　C・E・シャノン／W・ウィーバー　植松友彦訳

IT社会の根幹をなす情報理論はここから始まった。発展いちじるしい最先端の分野に、今なお根源的な洞察をもたらす古典的論文が新訳で復刊。

数学という学問I　志賀浩二

ひとつの学問として、広がり、深まりゆく数学。数・微積分・無限など「概念」の誕生と発展を軸にその歩みを辿る。オリジナル書き下ろし。全3巻。

数学という学問II　志賀浩二

第2巻では19世紀の数学を展望。数概念の拡張によりもたらされた複素解析のほか、フーリエ解析、非ユークリッド幾何誕生の過程を追う。

数学という学問III　志賀浩二

19世紀後半、「無限」概念の登場とともに数学は大転換を迎える。カントルとハウスドルフの集合論、そしてユダヤ人数学者の寄与について。全3巻完結。

現代数学への招待　志賀浩二

「多様体」は今や現代数学必須の概念。「位相」「微分」などの基礎概念を丁寧に解説・図説しながら、多様体のもつ深い意味を探ってゆく。

シュヴァレー　リー群論　クロード・シュヴァレー　齋藤正彦訳

現代的な視点から、リー群を初めて大局的に論じた古典的著作。著者の導いた諸定理はいまなお有用性を失わない。本邦初訳。（平井武）

現代数学の考え方　イアン・スチュアート　芹沢正三訳

現代数学は怖くない！「集合」「関数」「確率」などの基本概念をイメージ豊かに解説。直観で現代数学の全体を見渡せる入門書。図版多数。

若き数学者への手紙　イアン・スチュアート　冨永星訳

研究者になるってどういうこと？　現役で活躍する数学者が豊富な実体験を紹介。数学との付き合い方から「してはいけないこと」まで。（砂田利一）

高等学校の基礎解析　黒田孝郎／森毅／小島順／野﨑昭弘ほか

わかってしまえば日常感覚に近いものながら、数学挫折のきっかけの微分・積分。その基礎を丁寧にひもといた再入門のための検定教科書第2弾！

高等学校の微分・積分　黒田孝郎／森毅／小島順／野﨑昭弘ほか

高校数学のハイライト「微分・積分」！　その入門コース『基礎解析』に続く本格コース。公式暗記の学習からほど遠い、特色ある教科書の文庫化第3弾。

エキゾチックな球面　野口廣

7次元球面には相異なる28通りの微分構造が可能！フィールズ賞受賞者を輩出したトポロジー最前線を臨場感ゆたかに解説。　（竹内薫）

数学の楽しみ　テオニ・パパス　安原和見訳

ここにも数学があった！　石鹼の泡、くもの巣、雪片曲線、一筆書きパズル、魔方陣、DNAらせん……。イラストも楽しい数学入門150篇。

相対性理論（下）　W・パウリ　内山龍雄訳

アインシュタインが絶賛し、物理学者内山龍雄をして、研究を措いてでも訳したかったと言わしめた、相対論三大名著の一冊。　（細谷暁夫）

物理学に生きて　W・ハイゼンベルクほか　青木薫訳

「わたしの物理学は……」ハイゼンベルク、ディラック、ウィグナーら六人の巨人たちが集い、それぞれの歩んだ現代物理学の軌跡や展望を語る。

調査の科学　林知己夫

消費者の嗜好や政治意識を測定するとは？　集団特性の数量的表現の解析手法を開発した統計学者による社会調査の論理と方法の入門書。　（吉野諒三）

ポール・ディラック　アブラハム・パイスほか　藤井昭彦訳

「反物質」なるアイディアはいかに生まれたのか、そしてその存在はいかに発見されたのか。天才の生涯と業績を三人の物理学者が紹介した講演録。

インドの数学　林隆夫

ゼロの発明だけでなく、数表記法、平方根の近似公式、順列組み合せ等大きな足跡を残してきたインドの数学を古代から16世紀まで原典に則して辿る。

幾何学基礎論　D・ヒルベルト　中村幸四郎訳
20世紀数学全般の公理化への出発点となった記念碑的著作。ユークリッド幾何学を根源まで遡り、斬新な観点から厳密に基礎づける。（佐々木力）

素粒子と物理法則　R・P・ファインマン／S・ワインバーグ　小林澈郎訳
量子論と相対論を結びつけるディラックのテーマを対照的に展開したノーベル賞学者による追悼記念講演。現代物理学の本質を堪能させる三重奏。

ゲームの理論と経済行動Ⅰ（全3巻）　ノイマン／モルゲンシュテルン　銀林／橋本／宮本監訳　阿部／橋本訳
今やさまざまな分野への応用いちじるしい「ゲーム理論」の嚆矢とされる記念碑的著作。第Ⅰ巻はゲームの形式的記述とゼロ和2人ゲームについて。

ゲームの理論と経済行動Ⅱ　ノイマン／モルゲンシュテルン　銀林／橋本／宮本監訳　銀林／下島訳
第Ⅰ巻でのゼロ和2人ゲームの考察を踏まえ、第Ⅱ巻ではプレイヤーが3人以上の場合のゼロ和ゲーム、およびゲームの合成分解について論じる。

ゲームの理論と経済行動Ⅲ　ノイマン／モルゲンシュテルン　銀林／橋本／宮本監訳　銀林／宮本訳
第Ⅲ巻では非ゼロ和ゲームにまで理論を拡張。これまでの数学的結果をもとにいよいよ経済学的解釈を試みる。全3巻完結。（中山幹夫）

計算機と脳　J・フォン・ノイマン　柴田裕之訳
脳の振る舞いを数学で記述することは可能か？　現代のコンピュータの生みの親でもあるフォン・ノイマン最晩年の考察。新訳。（野﨑昭弘）

数理物理学の方法　J・フォン・ノイマン　伊東恵一編訳
多岐にわたるノイマンの業績を展望するための文庫オリジナル編集。本巻は量子力学・統計力学など物理学の重要論文四篇を収録。全篇新訳。

作用素環の数理　J・フォン・ノイマン　長田まりゑ編訳
終戦直後に行われた講演「数学者」と、「作用素環について」Ⅰ～Ⅳの計五篇を収録。一分野としての作用素環論を確立した記念碑的業績を網羅する。

フンボルト　自然の諸相　アレクサンダー・フォン・フンボルト　木村直司編訳
中南米オリノコ川で見たものとは？　植生と気候、緯度と地磁気などの関係を初めて認識した、ゲーテ自然学を継ぐ博物・地理学者の探検紀行。

ちくま学芸文庫

記憶の切繪図

二〇二一年九月十日　第一刷発行

著　者　志村五郎（しむら・ごろう）

発行者　喜入冬子

発行所　株式会社　筑摩書房

東京都台東区蔵前二―五―三　〒一一一―八七五五

電話番号　〇三―五六八七―二六〇一（代表）

装幀者　安野光雅

印刷所　明和印刷株式会社

製本所　株式会社積信堂

ISBN978-4-480-51075-4 C0141